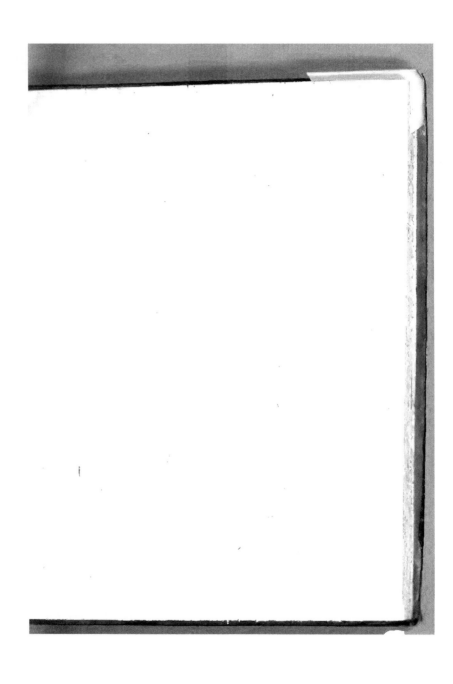

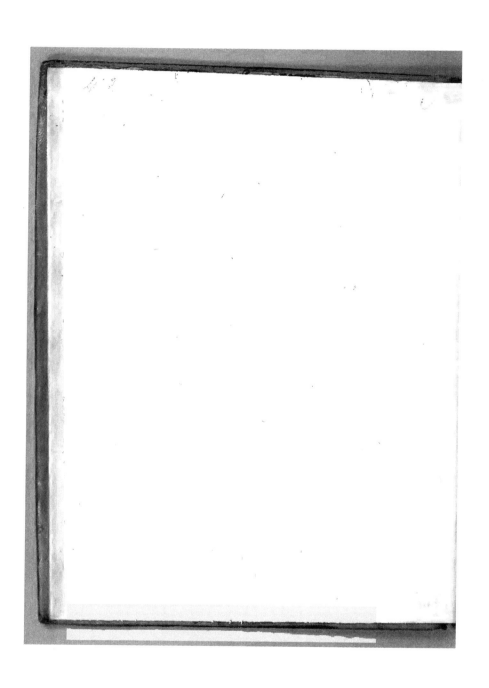

EXTIRPACION

DE LA

IDOLATRIA

DEL PIRV.

DIRIGIDO AL REY N. S. EN SV
REAL CONSEIO DE INDIAS.

Por el Padre Pablo Ioseph de Arriaga de la
Compañia de IESVS.

Pf. 21. NVNCIABO NOMEN TVVM

FRATRIBVS MEIS. Ad Heb. 2.

EN LIMA,
Por GERONYMO de CONTRERAS Impreſſor de Libros.
Con Licencia. Año 1621.

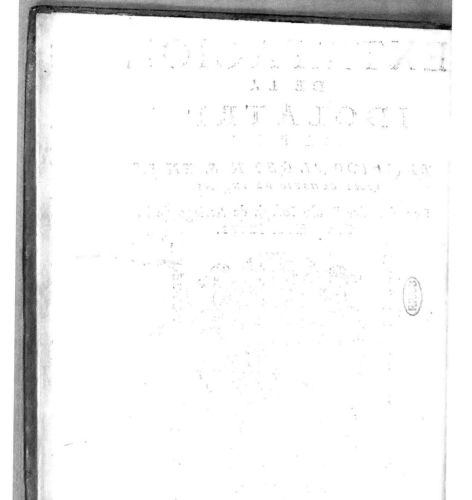

:***

LICENCIA DEL PADRE
PROVINCIAL DE LA
Compañia de IESVS.

* ❧ *

YO Iuan de Frias Herran Provincial de la Compañia de IESVS en esta Provincia del Piru, por la presente doy licencia para que se mprima la Relacion de la Idolatria de este Reyno, los remedios para extirpalla, que el P. Pablo Ioeph de Arriaga de nuestra Compañia à escrito, atento que à sido vista, y aprovada por hombres graves, y doctos, y experimentados assi de nuestra Region como de fuera de ella. En testimonio de lo qual di esta firmada de mi nombre, y sellada con el ello de mi oficio. En Lima cinco de Otubre de mil eys cientos y veinte.

Iuan de Frias Herran.

¶ 2   *APRO-*

APROVACION DEL P. M. FRAY
LVYS DE BILBAO DE LA ORDEN
de Predicadores, Cathredatico de Prima
de Theologia en la Vniverſidad
de Lima.

POr comiſſion del Señor Principe de Eſquilache Virrey de eſtos
Reynos è leido vn libro intitulado Extirpacion de la Idolatria del
Piru, compueſto por el Padre Pablo Ioſeph de Arriaga de la Compañia
de I E S V S. Rector del Real Collegio de S. Martin : y no tiene coſa alguna contraria a nueſtra ſanta Fè Catholica, ni alas buenas coſtum-
bres. Antes le juzgo por muy vtil, y neceſſario en eſtos tiempos, para
el conocimiento de la Idolatria, Ritos Gentilicos, y nocivas ſuperſticiones de los Indios, para la buena direccion de los Curas Dotrinantes, y
acertamiento de los Viſitadores, que a la Extirpacion de la Idolatria
ſalieren. Y aſſi me parece, que podrà V. Excellencia (ſiendo ſervido)
dar licencia para que ſe imprima. En eſte Convento de nueſtra Señora del Roſario de Lima en 10. de Diciembre de 1620.

Fr. Luys de Bilbao.

LICENCIA.

ESTE Libro tiene Licencia para imprimirſe,
dada por el Excelentiſsimo S. Don Franciſco
de Borja Principe de Eſquilache Virrey deſtos
Reynos, en veinte y tres de Febrero de mil y ſeyſcientos veynte y vno, y refrendada de Martin Salga-
do de Ribera ſu Secretario de Camara.

APROVA-

※※※※※※※※※※※※※※※※※※※※※※※※※※ ※ ※※※※※※

APROVACION DEL PADRE FRAY
HIERONYMO VALERA LECTOR
Iubilado de Theologia, y Guardian del Convento
de S. Francisco, de Lima.

POr comifsion, y mandato del Iluftrifsimo Señor Don Bartholome Lobo Guerrero Arçobifpo de los Reyes, del Con-
fejo de fu Mageftad è vifto, y leido con diligencia efte tratado intitulado Extirpacion de la Idolatria del Piru, compuefto
por el muy Reverendo Padre Pablo Iofeph de Arriaga de la
Compañia de IESVS Retor del Real Collegio de S. Martin,
en el qual no è hallado cofa que contradiga a nueftra fanta Fè,
Religion Chriftiana, y buenas coftumbres, antes muy grande
vtilidad para los Curas de Indios, y Vifitadores, Predicadores y
Confeffores, que tratan de la Extirpacion de los Idolos, exaltacion, y augmento de nueftra fanta Fè Catholica, en los coraçones de los dichos Indios, porque en el no folo fe defcubre con
brevedad y claridad, la variedad y multitud de los Idolos, que
los Indios an adorado y adoran, de fus facrificios, y de lo que
en ellos les ofrecen, de los Miniftros de la Idolatria, fino tambien del modo con que fe an de defcubrir conocer y extirpar.
Trabajo bien importante para efte tiempo, y ocafion, de quien
fe puede efperar muy copiofo fruto en las almas de los Indios.
Afsi lo fiento en efte Convento de nueftro Padre S. Francifco
de IESVS, de Lima a 4. de Março de 1621.

Fr. Geronymo Valera Guardian de
S. Francifco.

¶ 3 LICEN-

LICENCIA DEL Sᵒʳ. ARÇOBISPO
DON BARTHOLOME LOBO
GVERRERO.

Concedemos Licencia, para que se pueda imprimir el tratado de la Extirpacion de la Idolatria, referido en el parecer de arriba, Lima quatro de Março de mil seyscientos y veinte y vno.

El Arçobispo.

Por mandado de su Señoria
Ilustrisima,

El Dotor Fernando Bezerril.

AL REY

N°. S°ᴿ.

En su Real Consejo de Indias.

SEÑOR.

EL amor, q̃ tienen todos los vasa
llos a Vª.Mᵃᵈ.y el deseo de ser
virle en todo, y por todo, a desperta-
do los animos de muchos a buscar
grãdes traças, y dar nuevos arbitrios
para acrecentar sus rentas Reales en
este nuevo mundo. El añō de 1602.
estando Vª. Mᵃᵈ. en Valladolid,
passando yo a Roma, donde iva des-

de esta

de esta ciudad de Lima, por orden de mis Superiores, adverti que avian ido desde estos Reynos del Piru, dos personas, que pusieron en grande expectacion a toda España con arbitrio de acrecentar en algunos millones la haziẽda Real. Otro fue con arbitrio que se pusiesse estanco en la sal: que fuera poner puertas al cãpo, pues ay acà tanta abundancia della, como de agua y tierra. Otro, cõ buena intencion como Sacerdote, llevò de estas partes por arbitrio, que se pusiesse en cada ciudad vna casa de juego, y se arrendasse como el estanco de naypes. Todos estos arbitrios y otros tres, o quatro fueron en aquel

año,

año, pidiendo mercedes por ellos, todos fueron oydos, y todos se deshizieron y acabaron, como teforo de duendes, como fal en el agua, como cofa de juego. Mi arbitrio es de como fe refcataran tantas almas, que eftan en dura efclavitud del demonio, y como fe augmentarà en eftos Reynos la Fè, y Religion Chriftiana, que es el verdadero theforo que V^a. Mageftad pretende, y por el qual, y para el qual le da nueftro Señor tanto Oro, Plata y Perlas, de eftos Reynos por añadidura. El premio que pido del deffeo de fervir a V^a. Mageftad en efto, es de que lo oyga. Porque del grande zelo del

augmento de la Fè Catholica heredado de todos fus Progenitores, que
arde en fu Real pecho, eſtoy cierto q̃
mandarà poner los medios convenientes, en cofa de tan grande ſervicio de nueſtro Señor , y bien de ſu
Real Corona, para que deſpues de
largos, y felices años la perpetue en
la eterna gloria , como todos los fu-
plicamos , y pedimos a la Diuina
Mageſtad.

De Vueſtra S. C. R. M.

Indigno y minimo ſieruo
Pablo Ioſeph de Arriaga.

PROLOGO

PROLOGO
AL LETOR.
(* ⚘ *)

Ndando en la visita de la Extirpacion de la Idolatria con otros dos Padres de nuestra Compañia, con el dotor Hernando de Avendaño, Cura, que al presente es de la Metropoli de esta ciudad hize esta Relacion. La curiosidad de las cosas, que iva viendo diò el principio, la utilidad, que podia seguirse para lo de delante, la continuò, la necessidad, que via del remedio de tanto mal, como se descubria, la acabò. No fue mi intento hazer Historia, aunque se podia hazer muy larga, y muy varia, de las antiguallas, fabulas, ritos, y cerimonias, que tenian, y no acaban de dexar, los Indios destos Reynos en su gentilidad, sino vna breve y sumaria relacion de lo que iva advirtiendo. Para que el libro como dizen de mis yerros, fuesse libro de mis aciertos, y la experiencia de vnos supliesse, la que no pueden tener otros. Bolviendo de la Mission, ley lo que tenia escrito a todos los Padres, que en aquella sazon se avian juntado de tan distantes puestos a capitulo, o como diximos, a Congregacion Provincial, siendo mi intento dalles a entender, que avia tanto mal encubierto, sino es que fuesse mas, en materia de Idolatrias, y Ritos Gentilicos en las partes donde sus reverencias andavan, quanto se avia descubierto en las de este Arçobispado. Vvo muchos dares y tomares sobre esto, y porque algunos lo dudavan, y otros no lo creyan, para tratallo se hizo particular deputacion. No quisiera que el tiempo, que apura todas las verdades, uviera calificado tanto la mia. Tuvo noticia desta relacion el Señor Principe de Esquilache Virrey de estos Reinos, y leyola en el mismo borrador, y parecio-

¶¶ 2   le

PROLOGO.

le à su Excelencia que convenia imprimilla, aunque no la avia hecho yo
con este intento. El P. Diego Alvarez de Paz Provincial, que entonces era desta Provincia, mandò lo mismo, aviendolo primero leydo
delante de otros Padres, y mandado quitar algunas cosas, que podian
ser inconveniente andar impressas. No obstante que el Señor Licenciado Cacho de Santillana Fiscal que entonces era, y al presente Al-
calde de Corte de su Magestad, que tambien la avia leydo, fue de parecer, que se imprimiesse como estava. Por orden del Padre Provincial sobredicho la vieron otros tres Padres juntos, y por la del Padre Provincial Iuan de Frias Herran, que al presente lo es, otros tres.
Vieronla los cinco Visitadores de la Idolatria, de quien se haze mencion
en ella, cada vno de porsi, especialmente el dotor Hernando de Avendaño de cuyos papeles, y advertencias saqué mucho de ella. Y vltima-
mente la vieron Por orden del Señor Virrey, y del Señor Arçobispo,
las dos personas tan calificadas, como lo son, à quien se cometiò. Todos
convinieron en que se imprimiesse para el fin que se pretende, que es
descubrir, y remediar vn mal tan encubierto. Todo lo qual è dicho para
que se sepa, y entienda, que se à escrito con toda verdad, y llaneça, y
que si se viò con gran cuidado para escriuilla, se à visto y revisto con
mucho mayor para imprimilla.

Aunque no va esta relacion dividida en partes se podrà reducir a
tres. La primera, Que Idolos y Huacas tienen los Indios, que sacrificios, y fiestas las hazen, que ministros y sacerdotes, abusos, y supersticiones tienen de su gentilidad; è Idolatria el dia de oy. La segunda
las causas de no averse desarraygado entre los Indios, pues son Christianos, y hijos, y aun nietos de Padres Christianos, y los remedios para extirpar las rayzes deste mal. La tercera la pratica muy en particular, de como se à de hazer la visita para la Extirpacion de estas Idolatrias.

Servirà este tratado. Para que las Personas, a quien de oficio les
toca hagan concepto del mal que pide grandes remedios, y de los remedios convenientes a tanto mal; para que los Curas esten adverti-
dos del cuidado que deven tener de los que estan a su cargo, y de quien

Dios

PROLOGO.

Dios nueſtro Señor les à de pedir eſtrecha quenta, Los Confeſſores
como an de confeſſar. Los Predicadores las verdades que an de en-
ſeñar, y los errores, que les an de refutar, y los Viſitadores como an
de cumplir con ſu obligacion. Y lo que mas importa, ſe ſatisfarà à
perſonas graves, y doctas, que no ſolo an dudado, de lo que aqui veran
claramente, ſino contradicho en muchas ocaſiones; q̃ ay Idolatrias entre
los Indios, diziendo, q̃ todos ſon buenos Chriſtianos. Como ſi en menos de
noventa años, que ſe començò a predicar el Evangelio, en eſtas partes ſe
uviera hecho mas, y tenido mejores miniſtros que los Reynos de Eſpa-
ña. Donde al cabo de ſeyſcientos años que ſe avia predicado el Evange-
lio, por medio de tan ſantos Prelados y Dotores, y regado con ſangre de
tan inſignes Martyres, brotavan con todo eſſo las Idolatrias y no ſe aca-
bavan de deſarraygar. Y para que ſe vea el cuydado que tenian en eſte
particular aquellos ſantos Padres, y aprendan de ellos los que deven
cuydar de lo miſmo; pondrè a la letra los Canones del Concilio 3. Tole-
tano national, en el qual ſe hallò entre los demas ſantos Obiſpos S. Lean-
dro Arçobiſpo de Sevilla, preſente el Rey Ricardo hermano de ſan Er-
menegildo, Por los años del Señor de 589. y dize aſſi el capitulo 12.

Quoniam pœne per omnem Hiſpaniam Idolatriæ ſacrilegiũ
inoleuit, hoc cum conſenſu glorioſsiſimi Principis ſancta Sy-
nodus ordinauit, vt omnis Sacerdos in loco ſuo vna cum Iudi-
ce territorij, ſacrilegium memoratum ſtudioſe perquirat, &
exterminare inuentũ non differat: homines verò qui ad talem
errorem concurrũt, ſaluo diſcrimine animæ, qua potuerint
animaduerſione coerceant. Quod ſi neglexerint, ſciant ſe vti-
que excommunicationis periculum eſſe ſubituros. Si qui verò
Domini extirpare hoc malum a poſſeſione ſua neglexerint, vel
familiæ ſuæ prohibere noluerint ab Epiſcopo, & ipſi à communione pellantur. *Lo miſmo ſe mandò en el capitulo onze del duodeci-*
mo Concilio Toledano por los años de 681. y en el Concilio Toleda-
no decimo ſexto por los años de 693. en el capitulo ſegundo, donde entre
otras coſas dize. Si qui verò pro tali defenſione obſtiterint Sa-
cerdotibus, aut iudicibus, ea nec emendent, vt debet, nec extir-

PROLOGO.

pent, vt condecet, & non potius cum eis exquisitores, vltores, seu extirpatores tanti criminis extiterint, sint Anathema in conspectu indiuiduæ Trinitatis: & in super, si nobilis persona fuerit, auri libras tres sacratissimo Fisco exolvat: si inferior centenis verberibus flagellabitur, ac turpiter decaluabitur, & medietas rerum suarum Fisci viribus applicabitur. *Y a penas se hallarà Concilio donde no se aya tratado este punto, como vno de los de mas importancia para augmento de la Religion Catolica. Procurado è en todo lo que escriviere, no ofender ni lisongear a nadie, servir y aprovechar a todos, recibase mi buena voluntad, y con ella se perdonen las faltas.*

Valè.

INDICE DE

LOS CAPITVLOS DE
ESTE TRATADO.

que

EXTIR-

EXTIRPACION
DE LA
IDOLATRIA
DEL PIRV.
(∴)

Como se començo a descubrir la idolatria de este
Arçobispado de Lima.

CAPITVLO PRIMERO.

IEMPRE se entendió que en todas las Prouincias, y aun pueblos de los Indios del Piru, aunque à tantos años, que son Christianos, auian quedado algunos raftros de Idolatria. Ni se marauillara, que mal tan antiguo, y tan arraigado, y connaturalizado en los Indios, no se haya del todo defar-aigado, quien vuiere leido las historias Ecclesiasticas del principio, y lifcurso de la Yglesia, y entendiere lo que à paffado en nuestra Espa-ia, donde aun fiendo aduenediços los Iudios, pues entraron en ella mas ia de mil y quinientos años en tiempo del Emperador Claudio, a penas e ha podido extirpar tan mala femilla en tierra tan limpia, y donde efta an cultiuada, y pura, y continua la fementera del Euangelio, y tan vigi-ante fobre ella el cuidado, y folicitud del tribunal rectifsimo del Santo Dficio. Y donde mas fe hecha de ver la dificultad que ay, en que errores n la fè, mamados con la leche, y heredados de Padres a Hijos fe oluiden defengañen, es en el exemplo que tenemos nueuo delante de los ojos, en a expulfion de los Morifcos de Eſpaña. Pues auiendofe puefto por todas s vias pofsibles tantos medios para el remedio de fus males, fin tener el

A buen

buen efecto que se pretendia de su verdadera conuersion, sobrepujando
el mal à la medicina; fue forçoso, como a gente desauciada; por euitar el
daño temporal que se temia, y no esperandose remedio del spiritual, que
se deseava, hechallos de toda España. No esta encancerado el mal de
nuestros Indios, facil es el remedio al que desea curarse, como ellos
lo desean, quando les descubren su mal. Falta es de cura, o de curas, y de
no entenderse, que el mal es mas, de lo que se pensaua. Y ansi no uvo
quien al principio lo creyesse, y aun aora, los que no lo ven, ni lo tocan
con las manos muchos lo dudan, y algunos no lo creen.

Quien començo a descubrir este daño, que tan encubierto estava, y
à sacar como dizen por la hebra el ouillo fue el Doctor Francisco de
Auila siendo Cura en la doctrina de S. Damian de la Provincia de Huarochori. Porq̃ predicando de ordinario con el buen talento q̃ nro Señor
le ha dado, começo a leuantar la caça, y no queriendo la Diuina bondad,
que *verbum suum semper reuertatur vacuum*, auiendo aueriguado ciertas
supersticiones de vnos Indios los castigo publicamente, haziendo despues del castigo vna platica detestando la Idolatria, y dandoles a entender con el exemplo de vnos santos Martyres, como lo eran en testimonio de la fè, y que por no auer querido adorar los Idolos, y Huacas auian
padecido muchos tormentos, y perdido en ellos esta vida temporal por
alcançar la eterna, de que gozavan aora con grande gloria: vino despues
del sermon vn Indio, y le dixo. Padre en tal parte esta enterrado debaxo
de vna peña vn Indio, que fue Martir. Porque estando vnos Indios de tal
Ayllo, y parcialidad haziendo sacrificio, a vna Huaca, passò este Indio, y
combidandole a su fiesta, no solo no condescendiò con ellos, antes les re-
prehendiò mucho lo que hazian siendo Christianos, y prosiguiò delante
su camino. Y los Indios, o con enojo de lo que les auia dicho, o con temor de que no les descubriesse, fueron tras el, y le mataron, y le enterraron donde el Indio dixo, y de donde le sacò al Doctor Auila, y le enter-
rò en la Yglesia, en Santiago de Tumna al pie del altar mayor pegado al
frontal, llamauase el Indio Martin. Este fue vno de los indicios, y principios entre otros muchos, que uvo, para descubrir la Idolatria. Y contra el
parecer de todos, y no haziendo caso, de lo que proponia en razon desto
el Doctor Auila, las personas, a quien por razon de su oficio y obligacion
encumbia mas alentarlo, fue poco a poco prosiguiendo en su demanda,
hasta que aclarò la verdad, y descubriò (por mejor dezir) la mentira, de
suerte que se vino a entender, quan en su punto estaua entre los Indios la
Idolatria. Trayendo mas de seiscientos Idolos, muchos de ellos con sus
veftidu-

veſtiduras, y ornamentos de mantillas de cumbi muy curioſas en pro-
pottion a los miſmos Idolos, que los mas eran de piedras de diuerſas figuras,y no muy grandes.Y no ay que admirarſe, q̃ en coſas tan pequeñas
reconocieſſen Deidad los Indios. Porque es coſa cierta y aueriguada,
que eſtas figuras y piedras ſon imagenes, y repreſentacion de algunos
cerros,de montes,y arroyos, o de ſus progenitores,y antepaſados, y que
los inuocan y adoran como a ſus hazederos, y de quien eſperan todo ſu
bien y felicidad,digo la temporal y viſible,porque de la ſpiritual,y eterna,como tienen poco o ningun aprecio, ni le eſperan ni lo piden comunmente. Viendo eſtos Idolos el Señor Marques de Montes-Claros Viſo-
rey de eſtos Reynos, que prudentemente al principio no ſe perſuadia ſer
Idolatria,la reuerencia y culto que los Indios les davan, haziendo relacion de cada Idolo, y de ſu hiſtoria, y fabula (que las tienen muchas y
muy largas de ſus Huacas los Indios)el dicho Doctor Franciſco de Aui-
a en concurſo,y preſencia de perſonas graues y doctas, ſe acabò de perſuadir, que eſtava tan arraigada,como occulta la Idolatria.

Deſtos Idolos ſe hizo vn auto publico en la plaça deſta ciudad de
Lima,conuocando para el todos los Indios de quatro leguas al deredor.
Hizieronſe dos tablados con paſadiço del vno al otro. El vno de terra-
pleno, y en el mucha leña donde ivan paſando los Idolos, y todos ſus
ornamentos,y ſe arrojaban en la leña. Donde tambien eſtaua amarrado a
vn palo vn Indio llamado Hernando Pauçar grande maeſtro de Idola-
ria,y q̃ hablaua con el Demonio, natural de S.Pedro de Mama, a quien
en todos ſus cõtornos tenian los Indios en mucha veneracion.Y deſpues
de auer predicado a eſte acto el dicho Doctor Auila en la lengua gene-
al de los Indios,eſtando el Señor Virrey aſomado a ſu ventana, de donde
e veya,y oya todo,ſe publico la ſentencia, y açotaron al dicho Indio, y
ſe pegò fuego a la leña,donde eſtauan los Idolos.Tomo a ſu cargo el trabajo de diſponer todo lo ſobredicho D.Hieronymo de Auellaneda Cor-
egidor de los Indios de eſta Ciudad y ſu contorno, y Don Fernando de
Cordoua Alcade ordinario, los quales truxeron antes de todo eſto deſde
u caſa con mucho acompañamiento al dicho Doctor de Auila.

Con eſtas diligencias ſe començaron algunos a perſuadir, de que
via Idolatrias entre los Indios, y ſi alguna duda quedaua entre los
ncredulos ſe quitò con el parecer de los Padres de nueſtra Compañia,
ue fueron a ayudar en tan glorioſa empreſſa al Doctor Auila. Porque
ara certificarſe mas en coſa en que tantos dudavan, y auia tantas razo-
es de dudar, fueron embiados ſeis Padres de la Compañia de los mas

A 2   antiguos

antiguos y practicos en las cosas de los Indios por diuersas partes, y
diuersos tiempos y ocasiones, de los quales murió en la demanda el Padre Gaspar de Montaluo. Todos vinieron diziendo, *sicut audiuimus si*
vidimus, y que aun era mas el mal, y daño de lo que se dezia, y de suerte
que pedia conueniente, y eficaz remedio. Començose à poner por orden
del Señor Virrey Marques de Mótes-Claros y del Señor Arçobispo don
Bartolome Lobo Guerrero, a quien nuestro Señor truxo a esta sazon à
esta su Yglesia, para desarraygar de todo este su Arçobispado las raices
tan enuegecidas y periudiciales de la idolatria. Dieron entrambos a dos
Principes, como tan zelosos de la gloria de Dios las instruciones, y autoridad necessaria al Doctor Francisco de Auila, paraque visitase de proposito la prouincia de Huarochori, embiaron Padres de nuestra Compañia que fuessen catequizando, predicando y confessando los pueblos que
se visitasen. Visitó el Doctor Auila despues de la de Huarochori, la prouincia de los Yauyos, cuyas doctrinas tienen los Padres de santo Domingo, en compañia del P. Fr. Iuan de Mercado de la misma sagrada religion de Predicadores, muy docto en Theologia, y experimentado en
las cosas de los Indios, y grande Predicador assi en su lengua, como en la
Española. Visitó tambien grande parte de la Prouincia de Xauxa, descubrió, y quemó tantas Huacas, halló tantas idolatrias, y tantos ministros
de ellas, que con la fama de lo que se iva haziendo, y remediando, començaron a abrir los ojos, y a reparar en lo que antes no reparauan algunos
Curas de los pueblos de Indios, inquiriendo, y aueriguando sus Idolatrias, y dando auiso de ello a su Señoria Illustrissima, se les embiauan particulares comissiones para este efeto.

El mayor trabaxo que al principio se ofreció en el descubrir estas idolatrias, fue de parte de la resistencia de los Indios, y contradicion de los
Españoles y de los Indios, en no descubrillas, y de los demas en no creer
q̃ las uviese. Y assi hallado el dotor Auila en la Prouincia de los Yauyos,
y en special en el pueblo de Visca, muchas idolatrias, y grandes ministros
de ellas, y no menores ni menos dificultades para descubrillas, porque
no las creya nadie, y lo que los Indios descubrian a solas, y en particular
al Visitador, lo negauan en publico. Hasta que el Doctor Auila, que no
era menos sagaz y industrioso, que eficaz, y cuidadoso en su oficio puso
de secreto de tras de la cama de su aposento dos Españoles de confiança
y verdad, que oyessen lo que los Indios a solas le descubrian, y en special
los Caciques que eran los q̃ con mas instancia negauan en publico. Y assi
auisado el Señor Arçobispo de las dificultades y contradiciones, que te-
                                                                        nia

nia el Dotor Auila embiò al Dotor Diego Ramirez Cura que entonces era de la parochia de ſanta Ana de Lima, por ſer muy doſto en Theologia, grande lengua, y experimentado en las coſas de los Indios, para que
ſe informaſſe de la verdad, y hallando ſello le ayudaſſe, y tomaſſe noticia
de las Idolatrias, que ſe ivan deſcubriendo. Aſsi lo hizo, y deſpues de
auer andado juntos algun tiempo, con la noticia q̃ tenia, y comiſsion que
ſu Señoria Illuſtriſsima le auia dado, paſsò a viſitar algunos pueblos de la
Prouincia de Huarochori, y viſitò doze de ellos, deſcubriendo no menos
coſas, que el Doſtor Auila en los Yauyos. Con eſta noticia boluiò a Lima el Dotor Diego Ramirez, y dandoſela al Señor Virrey, al Señor Arçobiſpo, y a otras perſonas de autoridad, que por no creello, lo contrade-
tian, lo predicò publicamente en la miſma Cathedral delante de los Señores Virrey, y Arçobiſpo, y de toda la Audiencia, encargandoles a to-
los, por la parte que les tocaua, el poner remedio a tan gran daño.

Con eſto ſe embiaron Padres que catequizaſen, enſeñaſen, y con-
feſaſſen a los pueblos ya viſitados. Y deſpues de poco tiempo ſaliò con
nueua autoridad y comiſion, el dicho Dotor Diego Ramirez a viſitar
as Prouincias de Tarama, y Chinchacocha en compañia de algunos Padres de la Compañia, de los quales muriò en el pueblo de S. Miguel de
Vllucmayoc, el P. Benito de Arroyo. El prouecho que ſe hizo fuera muy
argo de cõtar. Vna coſa particular no quiero dejar de dezir, y es, q̃ eſtan-
lo el dicho Doſtor Diego Ramirez en el pueblo de Ninacaca, donde
por el intolerable frio, que haze, era neceſario eſtar ſiempre a la lumbre, y
ſtando vn dia examinando a ſolas vno de los miniſtros de Idolatria, auia
ueſto de propoſito vn niño de muy poca edad, que atizaſe la lumbre, pa-
eciendole, que ni el niño repararia en lo que ſe hablaſſe, ni el Indio ſe
orreria de manifeſtar, lo que le preguntauan, delante del. Eſtandole pues
reguntando el viſitador de las Huacas de aquel pueblo, de que el tenia
oticia, y el Indio muy terco en no deſcubrir nada, de repente el mu-
hacho ſin ſer pregũtado dixo al viejo, porque niegas eſto, y eſto. Y dixo
l Idolo de que le preguntauan, y donde eſtaua, y los ſacrificios, que le
frecian, y que el que eſtava alli era miniſtro dellos, con lo qual el Indio
omençò a deſcubrir todas las Idolatrias de aquel pueblo, y dixo todo lo
ue auia. Tuvoſe eſte caſo, ſi no por milagro, por coſa marauilloſa. En-
re los demas Indios hallò aqui vno, que auia ido en peregrinacion mas
e trecientas leguas, viſitando las principales Huacas y adoratorios del
iru, y llegò haſta el de Mollo Ponco, que es a la entrada de Potoſi, muy
umoſo entre todos los Indios.

Deſpues

Defpues de los dos dichos vifitadores, el primero, que pufo mas cuidado en efto fue el Doctor Hernando de Auendaño, que tenia entonces
la dotrina de S. Pedro de Cafta en la mifma Prouincia de Huarochori, en
la qual por particular comifion del Señor Arçobifpo vifitò algunos pueblos, y defpues de algun tiempo fiendo Cura, y Vicario en la Prouincia
de los Checras vifitò otros pueblos, y defcubriò en ellos muy grandes idolatrias, y Huacas, y entre ellos aquella tan famofa entre los Indios, y reuerenciada de pueblos muy diftantes, que era el cuerpo de vn
Curaca antiquifimo llamado Liuiacancharco, que fe hallò en vn monte
muy afpero como vna legua del pueblo de S. Chriftoual de Rapaz en vna
cueua de baxo de vn pabellon con fu huama o diadema de oro en la cabeça veftido con fiete camifetas muy finas de Cumbi que dizen los Indios
fe las embiaron prefentadas los Reyes Ingas antiguos. Efte cuerpo como
fe hallò, y otro de vn mayordomo fuyo llamado Chuchu Michuy que
eftaua en diferente lugar, y era tambien muy reuerenciado de los Indios,
fe lleuaron à Lima, paraque los vieffe el Señor Virey, y el Señor Arçobifpo, y boluiendolos a los Andajes fe hizo vn folemne auto, conuocando
todos los pueblos de la Prouincia, y fe quemaron eftos cuerpos con otras
muchas Huacas, con grande admiracion, y efpanto de los Indios, que fino fue entonces nunca auian vifto a Librscancharco, y le reuerenciauan,
adorauan, y temian por folo el nombre, y tradicion de fus antepafados.
En todas las partes fe defcubrieron muchas Huacas, y miniftros de ellas,
y todos los Indios fueron reconciliados con la Yglefia, enfeñados y con-
fefados.

En efte eftado dexò el remedio de efte daño de la Idolatria el Señor
Marques de Montes-Claros, y le hallò el Señor Principe de Efquilache
quando vino a eftos Reynos, y informado fu Excelencia de diuerfas perfonas, y en particular del Señor Doctor Alberto de Acuña Oydor de la
Real Audiencia de Lima, de la necefsidad, que auia de lleuar adelante, lo
començado, y de poner mas eficaces medios para defarraygar la Idolatria dentre los Indios: lo mas prefto que fu Excelencia pudo defocupar-
fe de las primeras ocupaciones de fu gouierno, hizo vna confulta muy de
propofito de la gente mas graue Ecclefiaftica y Seglar, preueniendoles
algunos dias antes para ella.

De la qual fuera de otros medios que fe propufieron, refultò, que fe hi-
ziefe en el Cercado de Lima, la cafa, que fe vino a llamar de fanta Cruz,
donde fe recogiefe los dogmatizadores, miniftros de Idolatria, ya que no
pudia fer todos, alguno de cada pueblo para efcarmiento de los demas.

                                                                    Que

Que se hiziese vn Colegio, donde se criasen los hijos de los Caciques, porque quales fueren ellos despues, tales seran todos sus Indios, y que se mbiasen visitadores por diuersas partes deste Arçobispado, y con ellos Religiosos, que les ayudasen por su parte. Fueron nóbrados para este efe-o, el Doctor Francisco de Auila que estaua en su beneficio de la Ciudad le Huanuco, el Doctor Diego Ramirez q̃ tenia el Curato de santa Ana, r el Doctor Hernando de Auendaño, que era Vicario en la Collana de Lampas. Venidos a Lima los absentes confirieron entresi diuersas vezes l modo que auian de tener en la visita, repartió el Señor Arçobispo en-re los tres las Prouincias de su Arçobispado, diofeles afsi de parte del Señor Arçobispo, como del Señor Virey alguna ayuda de costa, y todas as instruciones, y autoridad, que para exercer bien su oficio, era mene-ter, y a los seys Padres de nuestra Compañia, que fueron señalados para companalles, y ayudalles les dió su Excellencia todo el avio necessario uy cumplida, y liberalmente. El Doctor Auila, a quien le avian cabido Guamalies, y Conchucos, y Huanuco con toda su comarca por razon de us indisposiciones, y falta de salud, no pudo començar su visita tan pre-to como los demas, y le fue forçoso dexalla presto en los Chaupiguaran-ças tres jornadas de Huanuco. El Doctor Diego Ramirez con tres Re-ligiosos en su compañia salió a visitar la Prouincia de Huaylas, por Fe-rero del año pasado de mil seysciétos y diez y siete. Por el mismo tiem-po salió con otros tres Religiosos el Doctor Hernando de Auendaño para su visita, la qual començó por el pueblo de san Bartholome de Hua-cho del Corregimiento de Chácay. Yo fui vno de estos tres, y aunque su Excellencia me tenia ocupado en dar principio al Colegio de los Caci-ques, y en la fabrica de la casa de santa Cruz, dejándola en buen paraje al cuidado de otro Padre, que lleuase lo vno, y otro adelante, me mandó sa-ir a la visita, en la qual acompañé año y medio al Doctor Auendaño, y algunos meses al Doctor Francisco de Auila, y asi lo que dixere o sera como testigo de vista, o informado de personas de tanto, o mas credito, que el mio.

Con la mayor autoridad, y mano que lleuauan los Visitadores afsi de parte de su Excellencia, como del Señor Arçobispo, con la experiencia que tenian de las visitas pasadas, y con tomar las presentes mas de asien-to, y de proposito, se descubrieron tantas cosas de Idolatrias, y Gentili-dades, que se vió evidentemente, que todas las Provincias, y Pueblos de Indios de el Arçobispado estavan de la misma manera, si ya no peores, que los Huarochoris, Yauyos, Xauxas, Andajes, y Chinchacochas que se

avian

avian visitado los años antes, y que era precisamente necesario, como se
les diò por instrucion,tornar a visitar las Provincias ya visitadas.

Hallose que en todas partes tenian sus Huacas comunes de todos los
Pueblos y Ayllos, y particulares de cada vno,que les hazian sus fiestas, y
ofrecian sacrificios,y tenian todos guardados ofrendas para ellos,Sacer-
dotes mayores , y menores para los sacrificios , y diversos oficiales para
diversos ministerios de sus idolatrias, muchos abusos, supersticiones , y
tradiciones de sus antepasados,y lo q causava mas lastima , summa ignorancia de los misterios , y cosas de nuestra fè , que es vna de las causas
principales de todo este daño. A esta ignorancia se consigue la poca , o
ninguna estima que tienen del culto Divino , ceremonias Eclesiasticas, y
sufragios de la Yglesia. Pues en muchas partes , y creo que es en todas las
que an podido, an sacado los cuerpos de sus difuntos de las Yglesias , y
lleuadolos al campo, a sus Machays,que son las sepulturas de sus antepasados , y la causa que dan de sacallos de la Yglesia , es como ellos dizen
Cuyaspa , por el amor que les tienen.En conclusion para hazer concepto
del miserable estado en que estan , y de la necessidad extrema que tienen
de remedio,y la facilidad, y gusto con que lo admiten, no es menester o-
tro testimonio mas que ver vn dia de las exhibiciones,que es quando todos juntos traen todos los instrumentos de su idolatria. Parece vn dia de
Iuicio , estan repartidos en la plaça por Ayllos , y parcialidades , tienen
consigo los cuerpos secos,y enteros de sus antepasados,que en los llanos
llaman Munaos , y en la sierra Malquis , y los cuerpos que han sacado de
la Yglesia,que parece que los vivos , y los muertos vienen à Iuicio, traen
todos sus Huacas particulares y los ministros mayores las Huacas comunes , a quiē servian,los vnos y los otros con las ofrendas q tenian para
ellas,los vestidos con q hazian las fiestas, los plumajes con que se adorna-
van , las ollas , cantaros , y vasos de diversas maneras para hazer la chicha,y para bevella , y ofrecella a las Huacas , las trompetas de ordinario
de cobre; y algunas vezes de plata, y caracoles muy grandes , y otros instrumentos con que convocavan a las fiestas, grande suma de tamborinos
muy bien hechos,que a penas ay muger que no traiga el suyo, para los ta
quies, y bayles , pues la multitud de cunas muy bien labradas de los pueblos de los llanos , y de cuernos de Cieruos , y de Tarugas , pellexos de
Zorras,y de Leones de la sierra,y otras muchas cosas desta suerte,es menester vello , para creello.

Quando el Visitador examina a cada vno de por si escrive lo que cada
vno dize que tiene destas cosas,y este dia llamados por su orden van ex-
hibiendo

hibiendo lo que dixeron que tenian. Todo lo que se puede quemar, se quema luego, y lo demas se haze pedaços. Si se vuieran de escreuir todas las cosas que an passado assi en la Provincia de Huailas, q̃ los años passados visitò el Dotor Ramirez, y despues à revisitado el Licenciado Iuan Delgado Cura de Huaraz, en la misma Provincia; y lo que le sucediò en la Provincia de los Conchucos, y en otros muchos pueblos que visitò, y las que hallò el Licenciado Luis de Aguilar en los pueblos que visitò de la sierra, y lo q̃ descubriò en otros muchos pueblos, assi de la sierra como de los llanos, que visitò el Dotor Alonso Osorio, y en el Corregimiento de Chancay, y Cajatambo, que visitò el Dotor Avendaño, se podia hazer vna larga, aunque lastimosa historia. Pero harè vna breve suma, y dirè como testigo de vista, las Huacas, Hechiceros, Conopas, y otras cosas de idolatria, que se an hallado en los pueblos que visitò el Dotor Hernando de Avendaño en año y medio que le acompañè. Y aunque pudiera dezir muy en particular, lo que en cada pueblo se descubriò, porque no queden notados (que es cosa que sienten mucho los Indios) los tales pueblo, o dirè solo por mayor, sumando lo particular de todos los pueblos de la primera visita, que se hizo desde Febrero del año pasado de mil seyscientos y diez y siete, hasta Iulio de mil y seyscientos y diez y ocho. Son cinco mil seyscientos y noventa y quatro, personas las que se an confessado, seyscientos y setenta y nueve, ministros de idolatria, los que se an descubierto, y penitenciado por tales, seyscientos y tres Huacas principales, que se les an quitado, y tres mil quatro cientos y diez y ocho Conopas, quarenta y cinco Mamazaras, y otras tantas Compas, ciento y ochenta y nueve Huancas (estos son diferentes de las Huacas) seyscientos y diez y siete Malquis, y los Brojos que se castigaron, en los llanos sesenta y tres, las cunas, que se quemaron, trecientas y cinquenta y siete, y quatrocientos y setenta y siete cuerpos hurtados de la Yglesia, y no se an contado, muchos cuerpos Chacpas, ni Chuchos, que tambien reverencian, y los guardan en sus casas, ni los Pactos, ni Axomamas, ni Micsazara, ni Huantayzara, ni Hayriguazara, ni otras cosas, en que tienen mil supersticiones, que todas se an quemado los quales explicaremos en los capitulos siguientes. Los pueblos donde se hallaron todas estas cosas fueron treinta y vno, algunos dellos muy pequeños, quatro de ellos avia visitado tres años antes el Dotor Don Placido Antolinez, siendo su Cura, por comission particular del Señor Arçobispo, y les sacò, y quemò muchas Huacas, y Conopas, aunque escondieron no pocas. Hallose en el comun del pueblo mucha emienda

B   despues

defpues de primera vifita, aunque no faltaron algunas reincidencias, fpe-cialmente de parte de los Hechizeros, y afsi vno de eftos que fue el mas culpado, fue el primero, que entrò en la cafa de fanta Cruz del Cercado.

Y aunque fe ha puefto fuma diligencia en defcubrir todo lo fobredi-cho, y en quitalles todas eftas cofas no folo de los ojos, fino mucho mas del coraçon, con los continuos fermones, y catecifmos, fe puede temer mucho, que rayces tan arraygadas y antiguas no falgan, ni fe arranquen del todo con la primera reja, y que para que no tornen a brotar, y fe aca-ben de defarraygar, ferà menefter fegunda, y tercera reja. Lo que es cier-to, que todos los Indios vifitados quedan enfeñados, defengañados, y ef-cármentados, y que los hijos feràn mejores que fus padres, y los nietos mejores que padres, y abuelos, que es la razon, con que el gloriofo fan Gregorio Magno (con razon llamado Apoftol de Inglaterra) animaua a aquellos primeros fantos. Que embiò a defarraygar la idolatria de aquel Reyno, en las grandes dificultades que fe ofrecieron.

De lo que fe à hecho en efta vifita, fe puede inferir, lo que fe aurà he-cho en las demas, que fe an hecho antes, y defpues defta, pues el tiempo à fido mas largo, y los pueblos mas : y el cuydado de los vifitadores, y fus compañeros aurà fido el mifmo, y los pueblos en que an andado, no auran tenido menos idolatrias, que eftotros : pues como dezia muy bien el fe-ñor Virrey Don Martin Enriquez, todos los Indios no folamente fon vnos, fino vno.

Que cofas adoran oy en dia los Indios, y en que confifte fu idolatria.

CAPITVLO II.

VCHO Se podia dezir acerca defto, y algo eftà efcripto en el tratado, que eftà al fin del confeffonario, hecho por orden del Concilio de Lima, el año de mil y quinientos y ochenta y dos. Y quien lee aquello, entiende, que es lo que los Indios hazian antiguamente : pero yo hare aora vna breue funia de las cofas, que adorauan todos eftos pueblos, que eftan vifi-tados, y fe van vifitando, que fon los mifmos, que adoran los que no eftan vifitados.

En muchas partes (efpecialmente de la fierra) adoran al Sol, con nombre

bre de Punchao, que significa el dia, y tambien debaxo de su propio nõbre Inti. Y tambien a la Luna, que es Quilla, y a algunas Estrellas: especialmente à Oncoy (que son las siete cabrillas) adoran a Libiac, que es el
rayo, es muy ordinario en la sierra: y assi muchos toman el nombre y ape
llido de Libiac, ò Hillapa, que es lo mismo.

El adorar estas cosas no es todo los dias, sino el tiempo señalado para
hazelles fiesta, y quando se ven en alguna necessidad o enfermedad, o an
de hazer algun camino, levantan las manos, y se tiran las cejas, y las soplan hazia arriva, hablando con el Sol, o con Libiac, llamandole su haze-
dor, y su criador, y pidiendo que le ayude.

A Mamacocha, que es la Mar invocan de la misma manera, todos, los
que baxan de la sierra a los llanos enviendola, y le piden en particular,
que no les dexe enfermar, y que buelvan presto con salud, y plata, de la
mita, y esto hazen todos sin faltar ninguno, aun muchachos muy pequeños.

A Mamapacha, que es la tierra tambien reverencian specialmente las
mugeres, al tiempo, que an de sembrar, y hablan con ella diziendo que les
de buena cosecha, y derraman para esto chicha, y mayz molido, o por su
mano, o por medio de los Hechizeros.

A los Puquios, que son los manantiales, y fuentes hemos hallado que
adoran de la misma manera, specialmente donde tienen falta de agua, pidiendoles que no se sequen.

A los Rios, quando an de pasallos, tomando vn poco de agua con la
mano, y beviendola, les piden hablando con ellos, que les dexen passar, y
no les lleve, y esta ceremonia llaman mayuchulla, y lo mismo hazen los
pescadores, quando entran a pescar.

A Cerros altos, y montes y algunas piedras muy grandes tambien
adoran, y mochan, y les llaman con nombres particulares, y tienen sobre
ellos mil fabulas de conversiones, y metamorfosis, y que fueron antes
hombres, que se convirtieron en aquellas piedras.

Las Sierras nevadas que llaman Razu, o por sincopa Rao, o Ritti, que
todo quiere dezir nieve, y tãbien a las casas de los Huaris, q son los primeros pobladores de aquella tierra, q ellos dizen fueron Gigantes, y es
cierto, q en algunas pertes lo fueron, y se halla huessos de disforme, y in-
creible grandeça, que quien no los ve, ni los toca con las manos, no lo
creera porque se muestra por la proporcion de los huessos, aver sido seys
tanto mayores que los hombres de aora, y de la tierra de ellos llevan para
sus enfermedades y para malos fines de amores, &c. Invocan a Huari, que

dizen

dizen es el Dios de las fuerças, quando an de hazer sus Chacaras, o casas paraque se las preste.

A las Pacarinas, que es de adonde ellos dizen que decienden, reverencian tanbien. Que como no tienen fè, ni conocimiento de su primer origen de nueſtros primeros Padres Adan y Eva, tienen en eſte punto muchos errores, y todos ſpecialmente las cabeças de Ayllos saben, y nombren sus Pacarinas. Y eſta es vna de las causas, porque rehusan tanta la reduccion de sus pueblos, y guſtan de vivir en vnos ſitios tan malos, y trabaxoſos, que algunos è viſto, que era meneſter baxar por el agua cerca de vna legua, y a muchos no ſe puede baxar ni ſubir ſi no es a pie, y la principal razon que dan es, que eſta alli su Pacarina.

Todas las cosas ſobredichas son Huacas q̃ adoran como a Dios, y ya que no ſe les pueden quitar delante de los ojos, porque son fixas, y immobiles, ſe les procura (como dixe arriba) quitarſelas del coraçon enſeñandoles la verdad, y deſengañandoles de la mentira, y aſsi es neceſſario enſeñalles muy de propoſito las causas de las fuentes, y de los rios, y como ſe fraguan los Rayos en las nubes, y ſe congelan las aguas, y otras cosas naturales, que à meneſter saber bien quien las enseña.

Otras Huacas ay mobiles, que son las ordinarias, y las que van nombrados en cada pueblo, que ſe les an quitado, y quemado. De ordinario son de piedra, y las mas vezes ſin figura ninguna, otras tienen diverſas figuras de hombres o mugeres, y a algunas deſtas Huacas dizen, que son hijos o mugeres de otras Huacas, otras tienen figura de animales. Todas tienen sus particulares nombres, con que les invocan, y no ay muchacho que en ſabiendo hablar, no ſepa el nombre de la Huaca de su Ayllo; porque cada parcialidad, o Ayllo tiene su Huaca principal, y otras menos principales algunas vezes, y de ellas ſuelen tomar el nombre muchos de aquel Ayllo. Algunas de eſtas las tienen como a guardas, y abogados de sus pueblos, que sobre el nombre proprio llaman Marca aparac, o Marcacharac.

Eſtas Huacas tienen todas sus particulares ſacerdotes, que ofrecen los ſacrificios, y aunque saben todos hazia donde eſtan, pocos las ven, porque ellos ſe ſuelen quedar a tras, y ſolo el ſacerdote es el que le habla, ofrenda; Y aſsi no es pequeña causa, y motivo de admiracion, y dedeſengaño del comun del pueblo, quando vè lo que no avia viſto, y adorava, y temia táto. Y no ſolo reverencian las Huacas, pero aun los lugares, donde dizen que descansaron, o eſtuvieron las Huacas, que llaman Zamana, y a otros lugares de donde ellos las invocan, que llaman Cayan, tambien

los

los reverencian. Muchos años à, y a lo que se à podido raftrear, son mas de quarenta, que anduvo por toda esta Provincia vn Padre de S. Domingo de quien ay mucha memoria, y noticia entre los viejos llamado Fray Francisco, o como otros dizen Fr. Miguel Cano, y sacò y quemò muchas Huacas, y en algunas partes hemos hallado, que adoran el nombre de las quemadas, y en otras los pedaços de las mismas Huacas, que no se pudieron quemar, y assi se tiene grande cuidado, de que todo lo que sobre de la quema, se heche donde no parezca.

En vn pueblo que esta cerca de la Mar, se hecharon por mano de vn Español, sin que los Indios lo supiessen; muy dentro de la Mar quatro costales destas malditas reliquias, y en los demas pueblos de la costa se hizo lo mismo. En otras partes se hechan en los Rios sin que lo vean, y es necessario poner muy grande cuidado en esparcillas, o enterrallas, y encubrillas donde los Indios no lo vean, ni lo entiendan, y à de costar esto muy grande trabajo, y no ay que fiar de Indio ninguno aunque sea muy bueno, y muy fiel. Porque se à sabido de cierto, que los Indios de Huaylas con estar tan lexos mochavan en la puente de Lima, porque avian hechado alli en el Rio, algunas de las Huacas que les avia quitado Fr. Francisco Cano.

En Cahuana y Tauca Provincia de Conchucos, tuvo noticia el Licenciado Iuan Delgado Visitador de vn Idolo muy celebrado llamado Catequilla, que era tradicion, que parte del es de oro, este era muy reverenciado, y temido en toda aquella Provincia, y en la de Huamachuco, del Obispado de Truxillo, donde tuvo su origen, y fue este. Que passando por alli Topa Inga, padre de Huascar Inga, que iva con exercito para castigar vn hermano suyo que se le avia rebelado en Quito consulto a este Idolo Catequilla, por medio de sus Sacerdotes, sobre si avia de bolver con vitoria de aquella batalla, o morir en ella, respondiò el Demonio en el Idolo, que moriria, y sucediò assi. De aqui vino a tener aquella Huaca tan grande nombre, que de muy remotas Provincias le venian a consultar, y a ofrecer sacrificios, por donde vino a enriquecer de suerte, que tenia vn templo muy sumptuoso. Passando despues el dicho Huascar Inga hijo de Topa Inga por alli, y viendo aquella grandeza, y sabiendo que era de la Huaca que avia annunciado a su Padre la muerte, mandò que pusiessen fuego al templo, y a todo lo que en el estava. Empeçado el incendio los Hechizeros, y Sacerdotes de aquel Idolo le hurtaron, y le trujeron a Cahuana, donde le hizieron otro templo, y le presentaron muchos dones, specialmente mantas, y camisetas de cumbi, todo lo qual des-

cubriò,

cubrió, y deſtruyó el Padre Fr. Franciſco Cano, de quien ay grande noticia, y memoria en todas aquellas Provincias. Pero dizen que los Indios del pueblo de Tauca hurtaron eſte Idolo, y aunque ſe hizieron muchas diligencias para deſcubrille, lo negaron ſiempre los viejos de Tauca, y algunos que ſe hallaron mas culpados fueron embiados a la caſa de ſanta Cruz.

En eſte miſmo pueblo de Tauca adoravan a las Duendes que ellos llaman Huaraclla, en vnos aliſos, que eſtavan junto al pueblo, a donde ſe aparecian, y oyan ſus voces, y a eſtos tambien dedicavan doncellas para ofrecer ſacrificios.

Deſpues de eſtas Huacas de piedra la mayor veneracion, y adoracion es la de ſus Malquis, que en los llanos llaman Munaos, que ſon los hueſſos, o cuerpos enteros de ſus progenitores gentiles, que ellos dizen que ſon hijos de las Huacas, los quales tienen en los campos en lugares muy apartados, en los Machays, q ſon ſus ſepulturas antiguas, y algunas vezes los tienen adornados con camiſetas muy coſtoſas, o de plumas de diverſas colores, o de cumbi. Tienen eſtos Malquis ſus particulares Sacerdotes y miniſtros, y les ofrecen los miſmos ſacrificios, y hazen las miſmas fieſtas que a las Huacas. Y ſuelen tener con ellos los inſtrumentos, de que ellos vſavan en vida, las mugeres vſos, y maçorcas de algodon hilado, y los hombres las taclias, o lampas con que labravan el campo, o las armas con que peleavan. Y en vno de eſtos Machays de los Malquis eſtava vna lança con ſu hierro, y recaton, que la avia dado (ſegun dixeron) vn conquiſtador de los primeros de eſtos Reinos, para pendon de vna Ygleſia. Y en otro eſtava otra lança muy viſtoſa que ellos llamavan, Quilcaſca choque, que quiere dezir lança pintada, o eſculpida, la qual ſe truxo al Señor Virrey. En eſtos Malquis, como tambien en las Huacas, tienen ſu baxilla para dalles de comer, y bever, que ſon mates, y vaſos vnos de varro, otros de madera, y algunas vezes de plata, y conchas de la mar.

Las Conopas, q en el Cuzco, y por allá arriva llaman Chancas, ſon propriaměte ſus dioſes Lares, y Penates, y aſsi las llaman tábien Huacicamayoc, el mayordomo, o dueño d caſa, eſtas ſon de diverſas materias, y figuras, aunq de notable, o en la color, o en la figura. Y acótece algunas vezes (y no ſon pocas las q ſe an topado de eſtas) q quádo algun Indio, o India ſe halló a caſo alguna piedra de eſta ſuerte, o coſa ſemejante en q reparó, va al Hechizero, y le dize, Padre mio, eſto è hallado, que ſerá? y el le dize
ordinario ſon algunas piedras particulares, y pequeñas, que tengan algo

con

con grande admiracion, esta es Conopa, revereciala, y mochala con grande cuidado, que tendras mucha comida, y grande descanso, &c.

Otras vezes con vna pedrezuela largilla y esquinada, que sirve como de dado para hechar suertes, la hecha, y saliendo buena le dize que es Conopa, y con esta canonizacion tiene ya el Indio su dios Penate. Y para que se vea donde llega su ceguedad y miseria, en vna India se hallò vn pedaço de lacre, y en otra vna vellota de seda de las que suelen ponerse en las capillas de las capas aguaderas, en opinion, y estima de Conopa, y otra tenia de esta misma manera el ñudo del pie de vna taça de vidrio.

Pero lo ordinario es, que las Conopas se hereden siempre de padres a hijos, y es cosa cierta y averiguada en todos los pueblos de esta visita, que entre los hermanos, el mayor tiene siempre la Conopa de sus Padres, y el à de dar quenta della, y con el se descargan los demas hermanos, y el primogenito es el, que guarda los vestidos para las fiestas de sus Huacas, y estos nunca entren en division entre los hermanos, como cosa dedicada al culto divino. Estas conopas es cosa cierta, que las tenia todos en tiempo de su gentilidad antes de la venida de los Españoles, y la misma certidumbre ay de que las tienen aora los nietos de aquellos, pues sus Padres las heredaron, de los suyos, y no las echaron ellos por ay, antes las an guardado como la cosa mas preciosa, que sus padres les dejavan, ni tan poco se las an quitado hasta esta visita.

Por Conopas suelen tener algunas piedras bezares que los Indios llaman Quicu, y en esta visita se an allado algunas manchadas con la sangre de los sacrificios. En los llanos tenian muchos por Conopas vnas piedras pequeñas de cristal al modo de puntas y esquinadas, que llamā Lacas. Ay tambien Conopas mas particulares, vnas para el maiz, que llaman Zarap conopa, otras para las papas, Papap conopa, otras para el augmento del ganado, que llaman Caullama, que algunas vezes son de figuras de Carneros.

A todas las Conopas, de qualquiera manera que sean, se les da la misma adoraoion que a las Huacas, solo que la de estas es publica, y comun de toda la Provincia, de todo el pueblo, o de todo el Ayllo, segun es la Huaca, y la de las Conopas es secreta, y particular de los de cada casa. Este culto y veneracion, o se la dan ellos mismos por sus personas, ofreciendoles las cosas que despues diremos, o llaman para ella el Hechizero que les parece, y assi los Hechizeros saben las Conopas, que tienen todos los del pueblo, y dan las señas de ellas.

Esta veneracion no es todos los dias, ni ordinaria sino al modo de las
Huacas,

Huacas ; a ciertos tiempos del año, y quando eſtan enfermos, o an de haꞩ
zer algun camino, o dan principio a las ſementeras.

Chichic, o Huanca llaman vna piedra larga, que ſuelen poner empina-
da en ſus Chacaras, y la llaman tambien Chacrayoc, que es el Señor de la
Chacara , porque pienſan que aquella Chacara fue de aquella Huaca , y
que tiene a cargo ſu augmento, y como a tal la reverencian, y ſpecialmente en tiempo de las ſementeras le ofrecen ſus ſacrificios.

Compa, o Larca villana llaman otras piedras a eſte miſmo modo ᷐ tienen en las acequias, a las quales hazen la miſma reverencia, antes de ſembrar , y deſpues de paſſadas las aguas , porque las acequias no ſe les quie-
bren, y les falte el agua.

Zaramamas, ſon de tres maneras, y ſon las que ſe quentan entre las coſas halladas en los pueblos. La primera es vna como muñeca hecha de cañas de maiz , veſtida como muger con ſu anaco , y lliclla , y ſus tꝏpos de
plata , y entienden , que como madre tiene virtud de engendrar , y parir
mucho maiz. A eſte modo tienen tambien Cocamamas para augmento
de la Coca. Otras ſon de piedra labradas como choclos , o maçorcas de
maiz con ſus granos relevados , y de eſtas ſuelen tener muchas en lugar
de Conopas. Otras ſon algunas cañas fertiles de maiz , que con la fertili-
dad de la tierra dieron muchas maçorcas , y grandes , o quando ſalen dos
maçorcas juntas , y eſtas ſon las principales , Zaramamas , y aſsi las reverencian como a madres del maiz, a eſtas llaman tambien Huantayzara , o
Ayrihuayzara. A eſte tercer genero no le dan la adoracion, que a Huaca,
ni Conopa, ſino que le tienen ſuperſticioſamente como vna coſa ſagrada,
y colgando eſtas cañas con muchos choclos de vnos ramos de ſauce bai-
len con ellas el bayle, que llaman Ayrihua , y acabado el bayle, las queman , y ſacrifican a Libiac , para que les de buena coſecha. Con la miſma
ſuperſticion guardan las mazorcas del maiz, que ſalen muy pintadas, que
llaman Micſazara, o Mätayzara , o Caullazara, y otros que llaman Piruazara, que ſon otras maçorcas en que van ſubiendo los granos no derechos
ſino haziendo caracol. Eſtas Micſazara , o Piruazara, ponen ſuperſticioſamente en los montones de maiz, y en las Piruas (que ſon donde guardan
el maiz) paraque ſe las guarde, y el dia de las exhibiciones ſe junta tanto
de eſtas maçorcas , que tienen bien que comer las mulas.

La miſma ſuperſticion tienen con las que llaman Axomamas , que ſon
quando ſalen algunas papas juntas , y las guardan para tener buena coſecha de papas.

Los Cuerpos chuchos, y por otro nombre Curi, que es quando nacen
                                                                    dos

los de vñ vientre, si mueren chiquitos los metē en vnas ollas, y los guardan dentro de casa, como vna cosa sagrada, dizen que el vno es hijo del
rayo. Tienen en su nacimiento muchas supersticiones, que diremos despues, todas endereçadas à hazer penitencia, para que se les perdone el
pecado, que entienden que fue, el aver nacido dos juntos.

De la misma manera guardan los cuerpos Chacpas, si mueren pequeños, que son los que nacen de pies, en lo qual tambien tienen grandes abu-
siones, y si viven añaden al sobrenombre el de Chacpas, y a los hijos de
estos llaman al varon, Masco, y a la muger Chachi. Pero el mayor abuso
que tienen en esto es, que ni a los Chuchus, ni a los Chacpas no los bapti-
san, si ellos los pueden esconder de los Curas. De estos Chuchus, y Chacpas que tenian guardados en sus casas se an quemado muchos en las exhibiciones.

Las Cunas de los pueblos, de que se haze mencion arriva, eran verda-
deramente Huacas. Estas son al modo de vna Barbacoa, o Zarzo, pequeño hecha en dos palos muy labrados, y en la cabeça de ellos sus rostros a
quien ponian nombre de Huacas. Tiené particulares oficiales para ellas,
y quando se à de hazer se junta la parentela con el oficial, teniendo prevenida la chicha para este dia, ayunan todos a sal y agi, pero desquitanse
del ayuno con bever. El Maestro de la obra a cada palito que pone le as-
perja con chicha, y va hablando con la Cuna nombrando el apellido de
Huaca que le diò, diziendo que guarde al niño, que alli durmiere, y que
quando su madre saliere de casa, que no llore, ni nadie le haga mal, &c. Y
como se va haziendo van todos beviendo.

Estas son las cosas que veneran los Indios, y en que tienen su idolatria despues veremos los sacrificios que ofrecen, veamos primero los ministros, que tienen para ellos.

De los ministros de la idolatria.

CAPITVLO III.

STOS, que comunmente llamamos Hechizeros, aunque
son raros los que matan con hechizos, con nombre general se
llaman Vmu, y Laicca, y en algunas partes Chacha, y Auqui,
o Auquilla, que quiere dezir. Padre, o viejo, pero como tienen
diversos oficios y ministerios, assi tambien tienen diversos
nombres particulares.

C   Huncap

Huacapvillac, que quiere dezir el que habla con la Huaca, es el mayor, y tiene cuidado de guardar la Huaca, y hablar con ella, y responder al pueblo, lo que el finge, que le dize, aunque algunas vezes les habla el Demonio por la piedra. Y llevar las ofrendas, y hazer los sacrificios, y hechar los ayunos, y mandar hazer la chicha para la fiesta de las Huacas, y enseñar su Idolatria, y contar sus fabulas, y reprehenden a los descuidados en el culto, y veneracion de sus Huacas.

Malquipvillac. El que habla con los Malquis, tiene el mismo oficio respeto de los Malquis, que el pasado con las Huacas.

A este mismo modo es Libiacpavillac, que habla con el rayo, y Punchaupvillac que habla con el Sol.

Cada vno de estos tiene su ministro menor y ayudante, y assi le llaman Yanapac, el que ayuda, y aun en muchas partes vsurpando nuestro nombre le llaman comunmente Sacristan, porque le sirve en los sacrificios, y quando falta el ministro mayor suele entrar en su lugar, aunque no siempre.

Macsa, o Viha son los que curan con mil embustes, y supersticiones, y precediendo de ordinario sacrificio a la Huaca, o Conopa, del particular, que le consulta. Y estos se à experimentado en estas Provincias, que se an visitado, ser los mas periudiciales, porque son consultados para todas las cosas, y para que tambien hablen con las Huacas, aunque no sean los que las guardan.

Aucachic, que en el Cuzco llaman Ichuris, es el Confesor, este oficio no anda solo sino que siempre es annexo, al Villac, o al Macsa sobre dicho. Confiesa a todos los de su Ayllo, aunque sea su muger, y hijo. Estas confesiones son siempre en las fiestas de sus Huacas, y quando an de yr camino largo. Y son tan cuidadosos en su oficio, que è topado yo algunos muchachos, que nunca se avian confesado con Sacerdote alguno de Dios nuestro Señor, y se avian confesado ya tres o quatro vezes con estos ministros del Demonio, el como, se dize despues.

Açuac, o Accac es el que tiene cuidado con hazer la chicha para las fiestas, y ofrendas de las Huacas, que en los llanos son hombres, y en la sierra son mugeres, y en algunas partes las escojen doncellas para este ministerio.

Socyac, es sortilego y adivino por mayces, haze algunos montoncitos pequeños de granos de maiz sin contallo, y despues va quitando vno de vna parte, y otro de otra, y conforme quedan pares o nones, es buena, o mala la suerte. Aunque en vn pueblo exhibiò vno deeste oficio vna bolsa

con

con muchas piedreçuelas, que dixo se llamavan Chunpirun, y que las avia heredado de su aguelo para este efeto.

Rapiac, es tambien adivino, y responde a lo que le consultan, por los molledos de los braços, y si se le menea el derecho dize q̃ sucedera bien, y si el izquierdo que mal.

Pacharicuc, o Pacchacatic, o Pachacue, es otro adivino por los pies de vnas arañas, que llaman Paccha, y tambien Oroso, y son muy grandes, y peludas. Quando le consultan para alguna cosa ; va a buscar en los agujeros de las paredes, o debaxo de algunas piedras, vna de estas arañas, cuya especie es conocida, y poniendola sobre vna manta, o en el suelo la persigue con vn palillo, hasta que se le quiebran los pies, y luego mira que pies o manos le faltan, y por alli adivina.

Moscoc, es adivino por sueños; llega vna persona a preguntalle, si sanarà, o morira, o si parecera vn Cavallo que se le perdiò. &c. Y si es varon el que le consulta, le pide la huaraca de la cabeça, o la chuspa, o manta, o otra cosa de su vestido, y si es muger, le pide el chumbi, que es la saja, o cosa semejante y las lleva a su casa, y duerme sobre ello, y conforme a lo que sueña assi responde. Y si les consultan para amores les piden los cabellos, o ropa de la persona de quien an de adivinar.

Hacaricuc, o Cuyricuc es el que mira cuyes, y abriendoles con la vña adivina por ellos, mirando de que parte sale sangre, o que parte se menea de las entrañas. Que era el modo mny vsado entre los gentiles Romanos.

Todos estos oficios y ministerios son comunes a hombres y mugeres, aun el confessar, que tambien ay mugeres grandes confessoras. Pero lo mas comú es, los oficios principales executallos hombres. Y de vn Indio se yo, que era el cocinero, y despensero de el Cura, y era el confessor de todo el pueblo y dizen los Indios, fulano es buen confessor, que da poca penitencia, y fulano, no es bueno, q̃ da grande penitécia. Pero los oficios menos principales como ser adivinos, y hazer la chicha las mugeres le exercitá. Tábien se pueden contar entre estos ministros los Parianas, aunque no van contados, ni penitenciados entre los q̃ van escritos en los que se hallaron en cada pueblo. Porque estos son oficios que se eligé cada año para la guarda de las chacaras. Andan con vnos pellejos de Zorra en la caveça, y bordones con vnas borlas de lana en la mano, ayunan el tiempo que dura el oficio, que es dos meses poco mas a menos, no comiendo sal ni agi, ni durmiendo con sus mugeres, y mudan al hablar la voz, hablando mugeril y afetadamente. De todas estas cosas, y del origen de ellas

cuentan muchas fabulas y tradiciones, de sus antepaſados, y tienen grandes ſuperſticiones en todo eſto.

De vna de tres maneras entran en eſtos oficios de ſacerdotes de Huacas. La primera es por ſuceſsion, que el hijo lo hereda del padre, y ſi el
heredero no tiene vſo de razon, entra en ſu lugar el pariente mas cercano, haſta que el ligitimo heredero ſea ſuficiente para el oficio. La ſegunda manera es por eleccion, quando falta el primer modo por via de heren-
cia, o quando les parece, los otros miniſtros eligen el que juzgan, que ſera
mas a propoſito, con parecer de los Curacas, y Caciques. Y quando acontece, que alguno herido del rayo quede vivo, aunque q̃ quede laſtimado
eſta ya como divinaméte elegido para el miniſterio de las Huacas. El tercero modo es, que ellos miſmos ſe toman el oficio, y ſe introducen en el
ſpecialmente de los oficios menores de adivinos, curanderos, por ſola ſu
voluntad, y autoridad, y eſto es ordinario en los viejos, y viejas, que por
ganar de comer, y como ellos dizen Vicçaraycu, que es *ventris cauſa*, ſe
hazen oficiales en eſtos miniſterios.

En vn pueblo de la Provincia de Conchucos, que viſitò el Licenciado
Iuan Delgado, ſe hallò vna muchacha de haſta catorze años de rara her-
moſura, y que por ella avian ſus Padres, y Caciques dedicadola a vna
Huaca llamada Chanca de figura de perſona, y de piedra, con quien la
caſaron, y celebraron ſus bodas todos los del pueblo, aſiſtiendo en vn cerro tres dias, con grandes borracheras. Por mano de eſta muchacha ofrecian ſus ſacrificios, y lo tenian por muy gran ſuerte, y en mucha eſtima,
que fueſſe por ſu mano, por parecerles que ſerian muy aceptos a ſus Huacas. Guardò virginidad porque aſſi ſe lo avian mandado los demas miniſtros, que le dieron la inveſtidura de ſacerdotiſſa deſpoſandola con la
Huaca. Tenian la los Indios ſuma reverencia, y la miravan como coſa ſu-
perior, y divina. Aviendo eſta oydo el primer ſermon que hizò el Viſitador ſe vino ella miſma a denunciar, y a pedir ſer enſeñada en las coſas de
nueſtra fè, y perdonada de ſu culpa.

Quando vno à de entrar en alguno de los oficios mayores ayuna, vn
mes, y en otras partes ſeys, y en otra vn año no comiendo ſal ni agi, ni
ni durmiendo con ſu muger, ni lavandoſſe ni peinandoſſe. Y en algunas
partes ſe vſan que no ſe à de llegar las manos al cuerpo, y aſsi dixo vno
de eſtos en ſan Iuan de Cochas, que en el tiempo que ayunò, como no ſe
lavava ni peinava la cabeça, criò muchos animalejos, y por guardar ſu ceremonia, y no llegarſe las manos ſe raſcava con vn palillo.

Tambien ſuelen los miniſtros mayores, quando ven algun Indio, o
                                                                    India,

india,que le da algun mal repentino,y se priva del juicio, y queda como
loco , dezir que aquel accidente le sobreviene , porque las Huacas quieren que sea su Villac , y sacerdote y en bolviendo en si le hazen que ayu-
ne,y aprenda el oficio; fundados en que quando ellos hablan con las Huacas suelen privarse del juicio,o por efetos del Demonio que les entonte-
ce, hablando con ellos , o por la fuerça de la chicha que beven , quando
quieren hablar con la Huaca. En Huacho le diò a vno de estos este phre-
nesi , y se fue por los campos como loco , y al cabo de ocho o diez dias le
hallaron sus parientes en vn Cerro , como fuera de si, truxeronle al pueblo , y con esto quedò hecho Macsa , y Huacapvillac , y por esta razon a
todos los que les da mal de coraçon, los tienen ya por escogidos para
estos ministerios.

Fuera de todos estos Hechizeros, los que merecen mas propriamente
este nombre son los Cauchus , que se descubrieron en los pueblos de los
llanos y costas. Costò el descubrillos mucha dificultad y trabajo , por el
grande secreto que tienen entresi , y porque temen a estos tales grandemente todos los Indios. En la visita del dotor Avila fue el primero que
se descubriò; y era el Sacristan del pueblo, y denunciò del vn negro. Son
estos Cauchus , o Runapmicuc como ellos llaman , que quiere dezir el
que come hombres, vn genero de brujos , que aũ muerto mucha gente,
specialmente muchachos. Y aunque en los pueblos que se avian antes visitado , avia avido algunos rastros , y indicios de ellos , no se acavava de
averiguar enque consistia su oficio , y maleficio. Hasta que vn dia en vn
pueblo examinando el dotor Hernando de Avendaño , estando yo presente, vn Indio de hasta veinte y cinco años,de buen talle, y disposicion,
y al parecer de buen entendimiento en las cosas ordinarias de Idolatria,
y embiandole ya en paz , despues de aver respondido a todo lo ꝗ le avian
preguntado , dixo el Indio. Aguarda señor , que tengo mas que dezir, y
quiero de veras descubrir todo mi coraçon , y ser buen Christiano , ani-
mandole a que dixesse todo lo que quisiesse, y que no tuviesse miedo,
&c. Dixo que el era Brujo, y que su padre lo avia sido, (y como despues
se supo avia sido muy famoso , y muy temido,) y que el le avia enseñado
el oficio. Nombrò a muchos, ꝗ le exercitavan, los quales se fueron pren-
diendo , y examinandoles , ya a cada vno de porsi, ya careando vnos con
otros,y se averiguaron cosas extraordinarias y muy lastimosas. En suma
es, que en diferentes Ayllos y parcialidades, ay diferentes maestros, que
ellos llaman aora con nuestro nombre Español Capitan; y cada vno tiene
diferente discipulos,y soldados.

C 3 Este

Efte les auifa y previene quando le parece, que tal noche (que fiempre
fon a efte tiempo lus juntas) y en tal lugar fe an de juntar. El maeftro va
aquella noche a la cafa que le parece , acompañado de vno o dos de fus
difcipulos, y quedandofe ellos a la puerta, entra efparciendo vnos polvos
de hueffos de muertos , que ellos tienen para efte efeto conficionados , y
preparados con otras no fe que cofas, y palabras, y con ellos adormecen a
todos los de cafa de tal fuerte, que ni perfona, ni animal de toda la cafa fe
menea, ni lo fiente , y afsi fe llega a la perfona que quiere matar , y con la
vña le faca vn poquito de fangre , de qualquiera parte del cuerpo , y le
chupa por alli la que puede , y afsi llaman tambien a eftos tales Brujos
en fu lengua chupadores. Efto que afsi an chupado lo hechan en la pal-
ma de la mano, o en vn mate, y lo llevan donde fe haze la junta, ellos dizen que multiplica el Demonio aquella fangre , o fe la convierte en carne (yo entiendo que la juntan con otra carne) y la cuezen en aquella junta , y la comen, y el efeto es , que la perfona que avian chupado fe muere
dentro de dos o tres dias. Y ocho o diez antes que llegaffemos avia muerto vn muchacho de hafta diez y feys años, y quando fe moria fe tapava la
cara, y dezia que via a fulano , nombrando vnos de eftos Brujos , que le
venia a matar.

Es comun frafe, y modo dezir, quando hazen eftas juntas , efta noche
hemos de comer el alma de tal, o tal perfona. Preguntandole yo a vno que
de que manera era aquella carne, y a que fabia, dijo haziendo muchos af-
cos con el roftro, que era muy mala, y defabrida , y parecia cecina de va-
ca En eftas juntas fe les aparece el Demonio , vnas vezes en figura de
Leon , otras vezes en figura de Tigre, y poniendofe afentado, y eftrivan-
do fobre los braços muy furiofo, le adoran.

De las tres cofas que fon ordinarias en los Brujos, que fon, crueldades,
Idolatrias, y torpeças, de las dos primeras defcubrieron mucho, de la tercera poco, y fin mucho empacho ni temor, dezia vno , yo è muerto tres
muchachos, y otro, yo è comido tatos. Careando a vnos deftos el Vifitador para averiguar no fe que cofa , dixo vno de ellos, Si que tu me comi-
ftes mi hijo, afsi es verdad, refpondiò, y ya yo lo è dicho al Vifitador, pero comile, porque tu me quitafte mi chacara. Y es cofa cierta, que en teniendo qualquier enojo, fe vengan en comerfe vnos a otros los hijos, ma-
tandolos del modo fobredicho, que ellos llaman comerfelos.

Dixo el Cura de vn pueblo que pocos años antes avian muerto dentro
de quatro mefes , mas de fetenta muchachos de doze a diez y ocho años,
y de eftos a vna muger en vna femana quatro hijos , y que aora que fe avian
　　　　　　　　　　　　　　　　　　　　　　　　　　defcubierto

lescubierto estos maleficios, sospechava, que ellos los avian muerto,
orque no se sabia de que enfermedad morian. Durante la visita murió de
u enfermedad vno de estos Brujos, despues de averse confessado con
mucho cuidado, y antes de confessarse embió a llamar al Visitador, y le
lixo como el avia sido tantos años Brujo, y que nadie le auia enseñado el
ficio, sino que el, no se por donde, avia alcançado vnos polvos con los
que adormecian à la gente, y para provar si eran buenos, fue vna noche à
n pueblo, que esta como legua y media de su pueblo, y entró en la primera casa, que le pareció, y mató vn muchacho, y bolvió luego a su pue-
lo, y por solo hazer la misma prueva, sin otro algun intento, mató otro.
Dixome vno de estos con grande sentimiento, que el era Brujo contra
oda su voluntad, porque combidandole vna tarde vn vezino suyo que
o era, y el no lo sabia, a que fuessen a pescar, le llevó aquella noche a vna
unta que hazian, y que le hizieron comer por fuerça, y le dixerõ ya eres
Brujo, y as de venir todas las vezes que te llamaremos, y si no vinieres,
y nos descubrieres te hemos de matar, y con este temor avia continuado
lesde entonces sus juntas diabolicas. Porque este genero de gente es tan
emido, que me dixo otro, que estando en Lima entró vno de estos a ma-
alle vna noche, y que el estava despierto, y le dixo si me as de matar, no
me mates aqui, sino en mi tierra, donde me entierren mis parientes, y que
junca se atrevió, a dezille despues nada, ni a descubrille. Sesenta y tres
heron los que le hallaron culpados en este maleficio vnos mas, y otros
menos, en quatro pueblos de los llanos, y se entendia que en todos los
demas pueblos de la costa, ay otros muchos. En los pueblos de la sierra
no se avia hallado cosa ninguna de estas. Pero despues de esta visita el
dotor Alonso Osorio halló en la Dotrina de Cochamarca algunos, y en
a Provincia de Ambar descubrió treinta Brujos, y se les averiguaron cosas muy extraordinarias, y singulares, al modo de las de los llanos, y costa
de la mar.

    Todos los sobredichos fueron castigados, donde se hallaron, aun-
que con leve castigo: mas para aseguralles dandoles alguno, mientras
se les dava su merecido, pues afsi para averiguar todas las muertes que
    avian hecho, y los delitos añexos a ellas como para castigalles
       como era razon, era menester otro braço, que el Eccle-
         siastico. Y esto baste en lo que toca a los mi-
           nistros de Idolatria, veamos aora
             los sacrificios que
              hazen.

Que ofrecen en sus sacrificios, y como.

CAPITVLO IV.

 A Principal ofrenda, y la mejor, y la mayor parte de sus sacrificios, es la chicha por ella, y con ella comiençan todas las fiestas de las Huacas, en ella median y en ella acaban, sus fiestas, y ella es el todo. Y assi tienen para este efeto muchos vasos, y vasijas de diferentes formas, y materias, y es comun modo de hablar, que dan de bever a las Huacas, quando les van a mochar. Para hazer esta chicha ay los particulares ministros que diximos. En los llanos desde Chancay a baxo la chicha que ofrecen a las Huacas se llama Yale, y se haze de Zora mezclada con maiz mascad‘, y la hechan polvos de Espingo, hazen la muy fuerte y espesa, y despues de aver hechado sobre la Huaca lo que les parece, beven la demas los Hechizeros, y les buelve como locos.

En la sierra, se haze vnas vezes del maiz que se siembra para la Huaca, y es la primera chacara, o sementera que se labra, y ningun Indio puede sembrar antes, que se siembre esta chacara. Otras vezes se haze de los primeros choclos, que comiençan a madurar, que recogian para este efeto los Parianas de quien se dixo atras. Hazia se muy fuerte y espessa como mazamorra, que llaman tecti, y mascan el maiz para ella mugeres doncellas, y las que la hazen ayunan no comiendo sal, ni agi; ni durmiendo el tiempo que dura el hazella con sus maridos las que son casadas.

Tambien ofrecen Llamas, que son los que llamamos Carneros de la tierra, y esto suele ser siempre en las fiestas mas solemnes de las Huacas, y las sacan enramadas de flores. Atan la llama de vna piedra grande, y hazenla dar cinco o seys bueltas a la redonda, y luego la abren por el lado del coraçon, y se le sacan, y le suelen comer crudo a bocados, y con la sangre asperjan la Huaca, y la carne se reparte entre los ministros del sacrificio, y tambien suelen dar de ella a los demas Indios. En algunas partes tienen crias de estas Llamas para las Huacas, y las guardan, y crian por cuenta de la Huaca, y en los mas pueblos de la sierra, que se an visitado à avido algunas Llamas compradas con plata, que para ello an contribuido los Indios. Otras vezes los mismos Indios, que tienen ganado dan sus Corderos, y Llamas, para que los sacrifiquen, por el augmento de su ganado.

nado. El facrificio ordinario es de Cuyes, de los quales fe firven mal, no folo para facrificios, fino para adivinar por ellos, y para curar con ellos con mil embuftes. Y fi fuera pofsible el quitarfelos, conviniera, pero todos los crian en fu cafa, y ellos multiplican tanto, que en Roma los ay, y me admiré de vellos vender publicamente, y preguntando, como quien no los conocia, que animalejos eran aquellos, me dixeron, que conejos de las Indias. Con todo tienen fus Huacas particulares, o Conopas para fu multiplico, y quando actualmente eftava efcriviendo efto de los Cuyes, truxo vna India vn Cuy chiquito labrado de piedra que era fu Conopá. Quando los an de facrificar vnas vezes los abren por medio con la vña del dedo pulgar, otras, como yo lo vy hazer a dos hechizeros, que examinava el dotor Avila, los ahogan en vn mate de agua, teniendo la cabeça dentro hafta que muera, y van hablando entre tanto con la Huaca, y luego le abren de alto abaxo, con otras ceremonias ridiculas. Y efte es el modo ordinario con que los matan los que adevinan por ellos.

Plata tambien ofrecé en reales, y en algunas partes fe an hallado, como en la de Libia Cácharco 15. patacones, con otros pedacillos de plata corriente, y en el pueblo de Recuay halló el dotor Ramirez 200. patacones en vna Huaca. Y fuelé batillos y machucallos, de manera ã a penas fe ven las armas reales, y parece ã eftan rociados con fangre, o chicha, y eftan al rededor de la Huaca, otras vezes guardan efta plata los Sacerdotes de las Huacas, y es la que recojen por derramas para los gaftos de fus fieftas.

Coca es tambien ordinaria ofrenda, vnas vezes de la que ellos crian, o compran, y las mas cogida de las chacaras, que llaman de las Huacas, que para efte efeto cultivan, y labran de comunidad, y dos leguas del pueblo de Caxamarquilla, orilla del rio Huamanmayu, que es el mifmo de la Barranca (porque no fe da la Coca fino en tierra muy caliente) avia catorze chacarillas de Coca, que eran de todas las Huacas de los pueblos de la fierra, y tienen Indios que las guardan, y cogen la Coca, y la llevan a los miniftros de las Huacas a fus tiempos, porque es vniverfal ofrenda a todas las Huacas, y en todas ocafiones. Eftas Chacaras fe mandaron quemar todas.

Bira, que es febo de los Carneros de la tierra es tambien ofrenda, el qual queman delante de las Huacas, y Conopas, y otras vezes que fuelen hazer embuftes, y fuperfticiones, como quando en Rarquin, antes que fueffe el vifitador Hernando de Avendaño hizieron fu facrificio, y le quemaron como ellos dizen fu alma, haziendo vn bultillo, o vna figurilla de febo, y quemandola, y afsi dizen, que queman el alma, del Iuez, o la

D perfona

persona cuya alma queman, se entontesca, y no tenga entendimiento, ni
coraçon, que estas son sus frases. Hazen esto con vna circunstancia particular, que si el alma, que an de quemar es Español, an de hazer la figurilla,
que à de ser quemada con sebo, o manteca de puerco, porque dizen, que
el alma del Viracocha no come sebo de las Llamas, y si es la alma que an
de quemar de Indio, se haze con estotro sebo, y mesclan tambien, harina
de maiz, y quando la del Español harina de trigo. Este sacrificio, o em-
buste, que es muy ordinario en ocasiones, y contra personas de quien se
temen como Corregidores y Visitadores, o personas semejantes llaman.
Caruayquispina, y se haze oy en dia, y suelen hazelle en los caminos por
donde à de pasar para que no llegue a su pueblo, &c.

Maiz, tambien ofrecen vnas vezes entero, y otras molido, y lo queman con la Coca, y sebo.

Espingo, es vna frutilla seca, al modo de vnas almendras redondillas,
de muy vehemente olor, aunque no muy bueno. Traylen de los Chechapoyas, dizen que es muy medicinal, para dolores de estomago, y camaras
de sangre, y otras enfermedades tomado en polvos, y lo compran muy
caro. Y se solia vender para este efeto. Y en Iaen de Bracamoros pagavan,
no à muchos años, los Indios su tributo en Espingo. Y el Señor Arçobispo pasado prohibió so pena de excomunion, que no se vendiesse a los Indios, porque supo, que era ordinaria ofrenda para las Huacas, especialmente en los llanos, que no ay quien no tenga Espingo, teniendo Conopa, de todos quantos se an visitado.

Aut, es otra frutilla tambien seca, no muy diversa del Espinco, que
tambien traen de hazia las Chechapoyas, y dizen que es medicinal como
el Espingo.

Astop tuctu, son vnas plumas coloradas, y de otros colores de Huacamayas, o de otros pajaros de los Andes que llaman Asto, que tuctu, quiere dezir, pluma, o cosa que brota.

Huachua son otras plumas blancas de vn pajaro que llaman Huachua,
y andan en las lagunas de las Punas.

Pariuna son otras plumas rosadas de otros pajaros semejantes, que
llaman Pariuna.

Mullu, es vna concha de la mar gruessa, y todos tienen pedacillos de
estas conchas, y vn Indio me dió vn pedacillo menor que vna vña, que
avia comprado en quatro reales. Y los Indios de la costa, y aun Españoles tenian grangeria de estas conchas con los de la Sierra sin reparar para
que efeto los compravan, otras vezes hazen vnas quentecillas de este mullu, y

ú, y las ponen a las Huacas , y de estas cuentecillas vían también como
espues diremos en las confessiones.

Paria es polvos de color colorado como de vermellon que traen de las
iñas de Huancavelica, que es el metal de que se saca el azogue, aunque
as parece a çarcon.

Binços son polvos de color azul muy finos. Llacsa es verde en polvos,
en piedra como cardenillo.

Carvamuqui es polvos de color amarillo.

Parpa, o sancu es vn bollo que hazen de maiz molido, y le guardan pa-
a los sacrificios.

Tambien se pueden contar entre las cosas que ofrecen, las pestañas de
os ojos, las quales se tiran y arrancan muy de ordinario, y las soplan
azia la Huaca, a quien las ofrecen.

De todas las cosas sobredichas los polvos de colores diferentes que
liximos ofrecen soplando como las pestañas, rayendo, y señalando las
Conopas, y las demas Huacas con los polvos antes de soplallos, y lo mis-
no hazen tambien con la plata, la qual ceremonia en la Provincia de los
Yauyos llaman Huatcuna, las demas cosas las queman, y de ordinario es
por mano de los ministros, y de cada cosa ofrecen en poca cantidad, y no
iempre sino en las ocasiones, que aora diremos.

Que fiestas se hazen a las Huacas.

CAPITVLO V.

Vnque despues que començò la visita, en los pueblos donde la aguardavan, no se hazen las fiestas de las Huacas con
la solemnidad, que antes, porque aun los particulares dizen
quando se confiessan, que despues que entendieron, que
avia de venir Visitador an dexado las Huacas: pero antes
de la visita, y adonde no la esperan tan presto es cierto que hazen sus fiestas oy en dia, y no à ocho dias, que dixo vna persona que se avia hallado
en ella, que en vn pueblo no muy lexos de aqui se avia hecho no à dos
meses vna fiesta, aunque no era de las principales. Porque las que lo son
las celebran con grandes muestras de regocijo, y alegria, y tienen por tra
dicion que estas fiestas las instituyeron las mismas Huacas, a quien se hazen. Lo primero que se haze es, que el Hechizero mayor, que tiene a

D 2 cargo

cargo la Huaca,quando fe llega el tiempo de la fiefta,da avifo a los Caciques, y a los demas Indios, paraque fe aperciban de hazer la chicha, que
an de bever,y en el interim que fe haze, va pidiendo el facerdote a todos
los particulares,las ofrendas de Mullu,Paria,y Llacfa,y Cuyes, y las demas que diximos arriba, y defpues de recogidas, el dia feñalado para efte
efeto,va con fus ayudantes,o facriftanes a la Huaca principal,y affentan-
doffe en el fuelo , y tendiendo la mano yzquierda hazia ella, le dize a fe-
ñor N.(nombrando la Huaca,y haziendo aquel ruido que fuelen con los
labios como chupandolos , que es lo que propriamente llaman mochar)
aqui vengo, y te traigo eftas cofas, que te ofrecen tus hijos, y tus criaturas,recibelas, y no eftes enojado,y da les vida,y falud y buenas chacaras,
y diziendo eftas , y femejantes cofas , derrama la chicha delante de la
Huaca,y a vezes encima de ella,y otras la afperja con ella,como quien da
papirotes, y con la fangre de los Cuyes, o Llamas,vnta la Huaca , y quema,o fopla las demas ofrendas,conforme fon.

   A efte modo van tambien a las Huacas menores , y a fus Malquis.
Quando buelve el Hechizero de hazer los dichos facrificios, no duermen los Indios en toda aquella noche,cantando a ratos,y otras vezes bay
lando, y otras contando quentos , y afsi a los muchachos les fuelen caftigar,fi fe duermen,y efto llaman el Pacaricuc, y defde efta noche comiença el ayuno,no comiendo fal ni agi,ni durmiendo con fus mugeres,y dura de ordinario cinco dias, en vnas partes , y en otras mas, conforme fus
diverfas tradiciones.

   Durante el ayuno fe confieffan todos Indios,y Indias con los que tienen efte oficio,fentados en el fuelo el que oye, y el que fe confieffa en lugares que fuelen tener en el campo diputados para efte efeto. No confieffan pecados interiores , fino de aver hurtado , de aver mal tratado a
otros,y de tener mas que vna muger (porque tener vna aunque fea eftando amancebado, no lo tienen por pecado) acufanfe tambien de los adul-
terios , pero la fimple fornicacion de ninguna manera la tienen por pecado,acufanfe de aver acudido a reverenciar el Dios de los Efpañoles,y de
no aver acudido a las Huacas el Hechizero les dize que fe emiende , &c.
Y ponen fobre vna piedra llana de los polvos de las ofrendas, y haze que
los fople, y con vna piedreçuela,que llaman Pafca, que quiere dezir perdon, que la lleva el Indio , o la tiene el que confieffa le refriega la cabeça,
con maiz blanco molido , y con agua le lavan la cabeça,en algun arroyo,
o donde fe juntan los rios,que llaman Tincuna. Tienen por gran pecado
el efconder los pecados , quando fe confieffan , y haze grandes diligen-
                                                              cias,

cias, para averiguallo el Confeffor. Y para efto en diverfas partes tienen
diverfas ceremonias. En vnas en llegando el Indio al confeffor dize oyd-
me los Cerros de al derredor, las llanedas, los Condores que boleys, los
Buhos, y Lechuças, que quiero confeffar mis pecados. Y todo efto dize
teniendo vna quentecilla del mullu metida en vna efpina con dos dedos
de la mano derecha, levantando la efpina hazia arriba, dize fus pecados, y
en acabando la da al confeffor, y el la toma y hincando la efpina en la
manta la aprieta hafta que fe quiebre la quenta, y mira en quantas partes
fe quebrò, y fi fe quebrò en tres à fido buena la confefsion, y fi fe quiebra
en dos, no à fido buena la confefsion, y dize que torne a confeffar fus pecados.

En otras partes para verificar efto mifmo toman vn manoxillo de hicho de a donde fe derivò el nombre de Ichuri, que es el que coje pajas,
y lo divide el Confeffor en dos partes, y va facando vna paja de vna parte, y otra de otra, hafta ver fi quedan pares, que entonces es buena la confefsion, y fi nones mala. En otras lo adevinan por la fangre de los cuyes,
y en vn pueblo cerca de aqui atandole las manos atras al penitente, quando acaba de confeffar, y apretandofelas con vn cordel le hazia el confeffor dezir la verdad. Oy dixo delante de mi vn Indio al Vifitador, que
dandole el confeffor con vn palo le apretava a que confeffaffe todos fus
pecados, y otro que dandole con vna foga. Dales por penitencia los ayunos fobredichos de no comer fal, ni agi, ni dormir con fus mugeres, y
vno dixo que le avian dado efte ayuno por feys mefes.

Fuera de las fieftas, vfan tambien el confeffarffe, quando eftan enfermos, con los mifmos Hechizeros en el modo dicho, porque entienden
que por fus pecados eftan enojados fus Malquis, y las Huacas, y que por
effo enferman.

Tambien tienen otro modo algunos para purificarfe de los pecados,
fin dezillos a otro, que es refregarfe la cabeça con fu Pafca, y lavarfe en
algun rio la cabeça, y afsi dize que el agua lleva fus pecados.

En vn pueblo de los llanos me dixo vn Indio, que les avia llevado a el
y fu muger el Hechizero a vna azequia grande, y que aviendolos lavado
les hizo poner veftidos nuevos, y que dexaffen los que llevavan en el camino, diziendo que alli quedavan todos fus pecados, y que el que lleva-
fe el veftido fe los llevaria.

Acabadas las confefsiones en las fieftas folennes, que fuelen fer tres
cada año, la principal cerca de la fiefta del Corpus, o en ella mifma, que
llaman Oncoy mitta, que es quando aparecen las fiete cabrillas, que lla-

man Oncoy, las quales adoran porque no se les sequen los mayzes, la otra
es al principio de las aguas por Navidad, o poco despues; y esta suele ser
al trueno, y al rayo porque embie lluvias, la otra suele ser quando cogen
el maiz, que llaman Ayrihuamita, porque bayla el bayle Ayrihua. En todas ellas ay ayunos y confesiones, y acabadas beven, baylan y cantan, y
dançan, y las mugeres tocan sus tamborines, y todas los tienen, y vnas
cantan, y otras responden, los hombres suelen tocar otros instrumentos,
que llaman succhas, ponense vnas cabeças de venados, que llaman guau-
cu, y de estos instrumentos, y cuernos tienen muy grande provision, y
todo se quema el dia de las exhibiciones.

Quando cantan estos cantares, que son de muchos disparates de sus
antiguallas, invocan el nombre de la Huaca, alçando la voz, diziendo vn
verso solo, o levantan las manos, o dan vna buelta al derredor conforme
al vso de la tierra, y el modo ordinario es no pronunciar de vna vez el
nombre de la Huaca, sino entre silaba, y silaba interpolar la voz sin arti-
cular silaba ninguna. En estos actos se ponen los mejores vestidos de
cumbi que tienen, y en la cabeça vnas como medias lunas de plata que
llaman Chacrahinca, y otras que llaman Huama, y vnas patenas redondas,
que llaman Tincurpa, y camissetas con chaperias de plata, y vnas huaracas con botones de plata, y plumas de diversas colores de Huacamayas, y
vnos alçacuellos de plumas que llaman Huacras, y en otras partes tamta,
y todos estos ornamentos los guardan para este efeto.

Acabada la fiesta suelen en algunas partes sacrificar vnos cuyes, y ver
por la sangre que corre en las entrañas a tal, o tal parte si an ayunado
bien, y guardado todas las ceremonias de la fiesta, y a esta vltima llamavan callpacta ricusum.

Quando invocan la Huaca la llaman Runapcamac, o criador del hombre, y otros nombres semejantes devidos a solo Dios, y le piden que les
dè salud, y vida, y de comer, &c. Y no piden cosa ninguna para la otra vida, y lo mismo piden a sus Malquis. Y es de advertir que no todos los Indios ven la Huaca principal, ni entran al sitio, ni casa donde la Huaca esta,
sino solo los Hechizeros, que hablan con ella, y la llevan las ofrendas. En
el pueblo de Xampai dotrina de Gorgor, vna Hechizera dezia a los Indios que para adorar la Huaca llamada Xampai, se tapasen los ojos por
que la essencia divina no se podia ver cõ ojos corporales, y assi lo declarò
al dotor Osorio. Porque les à puesto el Demonio tanto temor de las
Huacas, que aun los mismos Hechizeros quando las van a sacar con el
fiscal para traellas al Visitador, dos o tres passos antes de llegar a ellas las
                                                        muestran

mueſtran con el dedo, haſta que por fuerça les hazen muchas vezes aunque ellos mas lo rehuſen, que lleguen a ellas ſin miedo. Y en el pueblo de Cochas embiando a vn Indio por vna Huaca, antes de paſſar
por la puente del rio de la Barranca, la refregó muy bien con ajos; y
preguntando porque, dixo que porque no le derribaſſe la Huaca de la
puente. Y aſsi quando preguntamos a vn Indio ſi à mochado, o adorado
las Huacas, no quiere dezir ſi la à viſto, o ſe à hincado de rodillas ante
ella, porque no conſiſte en eſto la adoracion, que la dan: ſino en que quando todos ſe juntan para eſtas fieſtas, en ciertos lugares, que tienen diputados para eſto cerca de la Huaca, deſpues de aver dado las ofrendas que
lleva al Sacerdote, la invocan como eſta dicho, y ſuelen levantar la mano
yzquierda, abriendo toda la mano hazia la Huaca como que la beſan. En
ſemejantes ocaſiones no an de llevar ninguna coſa de veſtido Eſpañol, ni
aun ſombrero, ni çapatos, y aſsi los miſmos Caciques que ſuelen andar
veſtidos como Eſpañoles en eſta ocaſsiones ſe viſten a ſu vſo antiguo.

A eſte modo adoran otros al Sol, y al rayo, y todos los que baxan de la
Sierra a los llanos en viendo la mar la adoravan, y ſe tiran las peſtañas,
ofreciendoſelas, y le piden que no les dexe enfermar, y que buelvan con
ſalud a ſu tierra, y con mucha plata, como ſe dixo arriva, y al tiempo de
las ſementeras a Mamapacha. Y fuera de eſtas ocaſsiones, y fieſtas es muy
ordinario mingar como dezimos, o conbidar, o alquilar con plata, o con
otras coſas a los Hechizeros paraque ofreſcan a las Huacas ſus ofrendas,
quando eſtan enfermos; y tambien para côfeſſarſe. Y vno me dixo en los
llanos, que le llevò el Hechizero de la Huaca, y le tomò deſpues de aver
bien bevido ſobre los hombros, y hablando con la Huaca dezia ſeñor
Fulano, nombrando la Huaca, aqui viene tu hijo a darte de bever, y a pedirte ſalud, &c.

Y en el pueblo de Huacho quando ivan por el Huano a las Iſlas, que
ſon los farallones de Huaura, hazian vn ſacrificio derramando chicha en
la playa, paraque no ſe les traſtornaſſen las balſas, precediendo dos dias
de ayuno, y quando llegavan a la Iſla adoravan a la Huaca Huamancantac como al ſeñor de Huano, y le ofrecian las ofrendas, paraque les dexaſſe tomar el Huano, y en llegando de buelta al puerto ayunavan dos
dias, y luego baylavan, cantavan y bevian. Y fuera de las ocaſsiones de
fieſtas, enfermedades, ſementeras, o algunos trabaxos que les ſobrevienen; no ſe acuerdan mucho de ſus Huacas; ni aun a las Conopas, o Dioſes
penates que tienen en caſa, tan poco las mochan ſino es en los tiempos
dichos.

De los abusos, y supersticiones que tienen los Indios.

CAPITVLO VI.

Stos abusos, y supersticiones son tan diferentes, y diversos, quanto lo son las Provincias, y pueblos; porque en vna mifma cosa, y en vna mifma materia tienen vnos vnas superfticiones, y otros otras, y solo convienen en andar todos errados, y engañados. Dirè como en las demas cosas sobredichas, lo que hemos visto, y como dizen tocado con las manos, algunas cosas de las que oy en dia exercitan los pueblos, que no eftan vifitados, que son las mifmas, o semejantes a las, que tenian los pueblos, que eftan vifitados.

Quando la muger efta de parto, suelen llamar a los Hechizeros, para, que haga sacrificio a la Conopa, que tiene como propria suya la muger, y se la ponga encima de los pechos, y la traiga sobre ellos paraque tenga buen parto, en algunas partes en efta mifma ocafsion invocan a la Luna, que es lo mifmo, que hazian los Romanos invocandola debaxo de nombre de Lucina.

Quando nacen dos de vn parto, que como diximos arriua llaman Chuchos, o Curi, y en el Cuzco Taqui Huahua, lo tienen por cofa facrilega, y abominable, y aunque dizen, que el vno es hijo del Rayo, hazen grande penitencia, como fi uvieffen hecho vn gran pecado. Lo ordinario es ayunar muchos dias afsi el Padre como la Madre, como le refirió el dotor Francisco de Avila, no comiendo sal, ni agi, ni juntandoffe en efte tiempo, que en algunas partes suelen ser por seys mefes, en otras afsi el Padre como la Madre fe hechan de vn lado cada vno de porfi, y eftan cinco dias fin menearfe de aquel lado, el vn pie encogido, y debaxo de la corba ponen vn pallar, o haua, hafta que con el fudor comiença à brotar, y otros cinco dias fe buelven del otro lado de la mifma manera, y efte tiempo ayunan al modo dicho. Acabada efta penitencia los parientes caçan vn venado, y defollandole, hazen vno como palio del pellejo, y debaxo del pafean a los penitentes, con vnas fogillas al cuello, las quales traen defpues por muchos dias.

Efte mes de Iulio paffado, en la dotrina de Mangas del Corregimiento de Cojatambo, avia parido vna India dos de vn parto, y la penitencia que hizo fue eftar diez dias de rodillas, y con las manos tambien, en el

suelo

elo como quien eſta en quatro pies , ſin mudar poſtura en todo eſſe
tiempo para coſa ninguna , y eſtava tan flaca, y desfigurada de eſta penitencia,que hallandola en ella,no ſe atreviò el Cura a caſtigalla,porque no
peligraſſe , y a eſte modo tendran en otras partes , otras diverſas ſuper-
ſtiçiones en eſte caſo.

Quando nace alguna criatura,de pies,que llamã Chacpas,tienen tambien las miſmas abuſsiones , y lo que peor es que quando pueden eſcon-
dellos,no las baptizan,y ſi mueren chiquitos aſsi los Chacpas , como los
Chuchus,los guardan en ſus caſas en vnas ollas,y de eſtos ſe an quemado
diverſos pueblos muchos.

En poner los nombres a los hijos tienen tambien grandes ſuperſticiones , muchos de los Indios , y caſi todos los principales tienen los nombres de algunas de ſus Huacas, y ſuelen hazer grandes fieſtas,quando les
ponen eſte nombre , que llaman baptizalle otra vez , o ponelle nombre. Y en eſto tienen vn abuſo tan comun, y ordinario , que nadie repara
en ello , que cada vez que ellos ſe nombran deſpues , o otros le llama,
ſiempre dizen primero el nombre de Indio , que el nombre Chriſtiano
del baptiſmo, y aſsi no dizen Pedro Paucar libiac, ſino Paucar libiac Pedro. En el nombre de Santiago tienen tambien ſuperſticion, y ſuelen dar
eſte nõbre al vno de los Chuchus como a hijos del Rayo,q̃ ſuelen llamar
Santiago. No entiendo que ſera por el nombre Boanerges , que les puſſo
el Apoſtol Santiago, y a ſu hermano S.Iuan Chriſto nueſtro Señor , lla-
mandoles Rayos , que eſto quiere dezir hijos del trueno , ſegun la fraſſe
Ebrea,ſino o porque ſe avra eſtendido por aca la fraſſe, o conſeja de los
muchachos de Eſpaña , que quando truena,dizen que corre el cavallo de
Santiago , o porque veian, que en las guerras que tenian los Eſpañoles,
quando querian diſparar los Arcabuzes, que los Indios llaman Illapa , o
Rayo,apellidavan primero Sátiago,Santiago, De qualquiera manera que
ſea, vſurpan con grande ſuperſticion el nombre de Santiago , y aſsi entre
las demas conſtituciones que dexan los Viſitadores acabada la viſita
vna,que nadie ſe llame Santiago,ſino Diego.

Quando ſon los hijos , o hijas ya grandecillos, como de quatro o cinco años , los traſquilan la primera vez con grande ſuperſticion , combidando la parentela, eſpecialmente a los Maſſas , y Cacas , para eſte efeto
ayunando,y haziendo fieſta a la Huaca , a la qual tambien ſuelen ofreçer
el niño recien nacido,y ofrecen al muchacho lana,maiz,carneros, plata,y
otras coſas , y ſuelen en eſta ocaſsion mudalle el nombre , como ſe dixo
arriva , y ponelle el de la Huaca , o Malquis , y lo miſmo al Padre , y a la

E　　　　　Madre

Madre, y los cabellos cortados, que llaman Pacto, o Huarca, en la lengua general, ñaca en los llanos, y Pacto en la Sierra, en vnas partes los suelen ofrecer, y embiar a las Huacas, y colgallos delante de ellas, en otras los guardan en sus casas, como cosas sagradas, y de estos cabellos, o Pacto, se an quemado muchos en los pueblos, que se an visitado.

Al poner las Huaras, o pañetes, quando son de ocho, o diez años suelen tener casi las mismas supersticiones, y se à hallado tanto en este particular, como dizen, que vsauan antiguamente, sacrificando al Luzero a quien en esta Provincia llaman Huarac, y quiça a esto alude el nombre de Huaras. Otro abuso es muy comun entre todos los Indios oy endia, que antes de casarse, se an de conocer primero, y juntase algunas vezes, y assi es caso muy raro, el casarse, sino es, primero Tincunacuspa, como ellos dizen, y estan tan assentados en este engaño, que pidiendome en vn pueblo, por donde passava, vn Indio, que le casase con vna India con quien estava concertado de casarse, vn hermano de ella lo contradezia grandemente, y no dava otra causa, sino que nunca se avian conocido, ni juntatados, y de otro Indio se yo que aviendose casado no podia ver a su muger, y le dava mala vida, porque dixo que era de mala condicion, pues nadie la avia querido ni conocido antes que se casase.

En la muerte, y entierros de sus difuntos, tienen tambien grandes abusos y supersticiones, debaxo de la mortaja les suelen vestir vestidos nuevos, y otras vezes se los ponen doblados, sin vestirselos. Hazen el Pacaricuc, que es velar toda la noche, cantando endechas con voz muy lastimosa, vnas vezes a coros, y otras cantando vno, y respondiendo todos los demas cierren la puerta por donde sacaron el difunto, y no se sirven mas de ella.

Esparcen en algunas partes harina de Maiz, o de Quinua por la casa, para ver como ellos dizen si buelve el difunto, por las pisadas, que à de dexar señaladas en la harina.

En algunos pueblos de los llanos diez dias despues de la muerte del difunto se junta todo el Ayllo y parentela, y llevar al pariente mas cercano, a la fuente, o corriente del rio que tienen señalado, y le zabullen tres vezes, y lavan toda la ropa, que era del difunto, y luego se haze vna merienda, y el primer bocado que mascan lo hechan fuera de la boca, acabada la borrachera se buelvan a casa, y barran el aposento del difunto, y hechan la vasura fuera cantando los Hechizeros, y esperan cantando, y beviendo toda la noche siguiente al anima del defunto, que dizen, que à de venir a comer, y bever, y quando estan ya tomados del vino, dizen que

viene.

ne el anima, y le ofrecen, derramandole mucho vino, y a la mañana di-
, que ya eſta el anima en Zamay huaci, que quiere dezir caſa de deſ-
ſo , y que no bolvera mas. El Pacaricuc ſuele durar cinco dias, en los
les ayunan, no comiendo ſal, ni agì, ſino maiz blanco, y carne, y jue-
el juego , que llaman la Piſca , tomando el nombre de los cinco dias,
es con vnos palillos con diverſas rayas , y no entiendo , que tienen
miſterio, que para divertir el ſueño , y al cabo de eſtos cinco dias
a lavar la ropa, que dexò el difunto al rio.

Hechanles muy diſsimuladamente chicha en la ſepultura, paraque
an , y muy al deſcubierto ponen quando les hazen las honras , comi-
cocidas, y aſsadas ſobre la ſepultura, para que comen, y aſsi eſta pro-
ido que en los todos Santos no pongan nada de eſto en las ſepulturas.

Pero el mayor abuſo, que en eſto ay es el deſenterrar, y ſacar los
ertos de las Ygleſias, y llevallos a los Machais, que ſon las ſepulturas,
tienen en los campos de ſus antepaſados , y en algunas partes llaman
nay, que quiere dezir ſepulchro de deſcanſo , y al miſmo morir, lla-
n Zamarcam, *Requieuit*. Y preguntados , porque lo hazen, dizen que es
yaſpa, por el amor que les tienen, porque dizen, que los muertos eſtan
la Ygleſia con mucha pena apretados con tierra , y que en el campo
no eſtan al ayre, y no enterrados eſtan con mas deſcanſo. Y pocos dias
es, que llegaſſemos a vn pueblo, avia vn Indio principal con ſu muger
ido de la Ygleſia dos hijos ſuyos , que para hazello mas facilmente
an enterrado como dos meſes el vno antes del otro, en vna como bo-
la hecha de loſas, y los llevaron a ſu caſa, y los tuvieron alla dos dias, y
hizieron grande fieſta, veſtiendoles veſtidos nuevos , y trayendoles
el pueblo en proceſsion , y combidando a bever en la fieſta a toda la
entela , y deſpues los bolvieron a la Ygleſia. Hizimosles otra vez de-
terrar, y deshaziendo la boveda hechalles tierra. Y aſsi ſe à de adver-
como coſa que importa, que de ninguna manera ſe conſienta, que ſe
ierren en bovedas.

No tienen a los que ſe ahorcan, por lo que ellos ſon. Antes por vna co-
las que humana, y los invocan , y llaman para algunas coſas, y podria
que eſta fueſſe vna de las cauſas , porque en algunas partes ſe ahorcan
facilmente algunos, como el otro Indio moço, y principal que eſtan-
olgandoſe pocos meſes à, en vna fieſta, o borrachera con vnas Indias
quien eſtava mal amiſtado dixo vn dia a boca de noche , y al cabo de
eſta, y entendieron que lo dezia triſcando, yo tengo de ver quien de
otras me tiene buena voluntad, ſi ſe viene ahorcar comigo, y con eſto ſe

E 2   ſaliò

falió de cafa, y andandole a bufcar por vnas partes, y por otras entendiendo que fe avia apartado mucho, le vinieron à hallar ahorcado cerca
de la mifma cafa. Y avra poco mas de vn mes, que teniendo el Vifitador
preffo a vn Hechizero cõ vn par de grillos, fin averle apremiado ni apre-
tado en nada, antes regaladole, y dadole, de comer de fu meffa los dos
dias que avia eftado preffo,en fu proprio apofento,fe falió vna noche del
fin fer fentido, y con vn pedaço de vn cordel bien delgado, de los que
traen en la cabeça, que ellos llaman Huaraca, fe ahorco a la puerta de la
cafa,de fuerte que quedò de rodillas,y de efta manera le hallè, y encontrè
con el en frente de nueftro apofento, quando a la mañana fali entre dos
luces. Hizimosle llevar arraftrando por los pies fuera del pueblo, y que-
malle paraque fueffe efcarmiento para otros.

El tener Huaçanquis, o como llaman en los llanos Manchucu, que es
el Philtrum,que llaman los Griegos,y Latinos,paraque les quieran bien,
otras perfonas, fe vfa en todas partes. Hazenlos de los cavellos de las
perfonas de quien quieren fer amados, o de vnos pajarillos de muchos
colores,que traen de los Andes,o de las plumas de los mifmos pajarillos,
o mofquillas pintadas,abueltas de otras cofas,que ponen con ellas.

Es muy ordinario efpecialmente en los hombres con femejante afeto,o para hazer prueva, fi tal, o tal muger les quiere bien, quando topan
alguna piedra grande, o peñafco hédido tirar vna piedra à encaxalla en la
hendidura, otras vezes en lugar de piedras tiran al agujero, o hendidura
del peñafco vnas varillas muy derechas,que llaman Huachi;hafta que de
tantas,que tiran aciertan vna, y entonces llaman a la donzella, que pretenden paraque vea como les à cavido la fuerte. Y tienen tan grande abufo,y engaño en efto, que jamas fe niega la muger porquiè fe à hecho efta
ceremonia, la qual llaman Cacahuachi, que quiere dezir peñafco flecha-
do, y fi le encaxan es feñal de que la perfona de quien hazian el juicio,
les quieren bien, y fino, no, y quien ve efto, y no fabe efta fuperfticion,
entendera que lo hazen fin malicia, y es la que tengo dicha, y llaman efta
prueva,Sipaftarina,como quien dixefe,para topar con muger.

Otro abufo mas perjudicial que efte, defcubriò, y caftigò el dotor
Alonfo Oforio en fu vifita. Y es que por el mes de Diciembre, que empieçan a madurar las Paltas, hazian vna fiefta que llaman Acatay mita,
que durava feys dias con fus noches, paraque maduraffe la fruta. Iunta-
vanfe hombres,y muchachos en vna placeta entre vnas huertas defnudos
en cueros, y dende alli corrian a vn Cerro, que avia muy gran trecho, y
con la muger, que alcançavan en la carrera, tenian exceffo. Precedian a
efta

fta fiefta, por vigilia, cinco dias de ayuno, no comiendo fal, ni agi, ni lle-
ando a mugeres.

Las mugeres efpecialmente tenie otro abufo, y es quando defean te-
er hijos, toman vnas piedras pequeñas qualefquier que fean, y las em-
uelvan, y faxan con hilos de lana, y las ofrecen, y dexan junto a alguna
iedra grande, a quien reverencian para efte efeto. Muchas de eftas pie-
ras embueltas, como niños, hallamos doze leguas de Caxatambo, debaxo
e vn peñafco, y vnos Caciques, que ivan camino, y los encontramos alli
unto, nos dixeron, la fuperfticion de eftas piedras, todas las quitamos: y
is hechamos la cuefta abaxo, efta piedra afsi embuelta llaman Huaffa.

Cofa muy vfada era antiguamente, y aora no lo es menos, quando fu-
en algunas cueftas o Cerros, ó fe canfan en el camino, llegando a alguna
iedra grande, que tienen ya feñalada para efte efeto, efcupir fobre ella (y
or effo llaman a efta piedra, y a efta ceremonia, Tocanca) Coca, o maiz
iafcado, otras vezes dexan alli las vjutas, o calçado viejo, o la Huaraca
vnas foguillas, o manoxillos de hicho, o paxa, o ponen otras piedras pe-
ueñas encima, y con efto dizen, que fe les quita el canfancio. A eftos
iontoncillos de piedra fuelen llamar, corrompiendo el vocablo, Apachi
as, y dizen algunos, que los adoran, y no fon fino las piedras que an ido
montonando con efta fuperfticion, ofreciendolos a quien les quita el
anfancio, y le ayuda a llevar la carga, que effo es Apacheta, como lo no-
ô en los Annales del Piru, que recogiô, como el lo dize de los papeles
el Padre Blas Valera de nueftra Compañia, Garcilafo Inga natural del
uzco.

En hazer fus cafas tienen como en todas las demas cofas muchas fu-
erfticiones, combidando de ordinario a los de fu Ayllo, rocian con chi-
ha los cimientos como ofreciendola, y facrificandola paraque no fe cai-
an las paredes, y defpues de hecha la cafa tambien la afperjan con la mif-
a chicha. Quando beven mientras que la hazen, en la Sierra, no fe à dé-
aer gota ninguna de los que beven, porque dize que fi fe cae fe llovera
a cafa, y tendra muchas goteras, y en algunas partes la ponen el nombre
e algun Idolo a quien dedican la cafa.

En la Sierra quando haze neblinas, que fon alla muy ordinarias, y muy
enfas, en tiempo de aguas, fuelen las mugeres hazer ruido con los topos
e plata, y de cobre que traen en los pechos, y foplar contra ellas porque
izen que de efta fuerte fe quitaran las neblinas, y aclarara el dia, en tiem-
o de muchas aguas, paraque ceffen y defcampe. fuelen quemar fal, o ef-
arcir ceniça contra el ayre.

Lo que vfavan antiguamente en los Eclipfes de la Luna, que llaman Quillamhuañun la Luna fe muere, o Quilla tutayan, la Luna fe efcurece, vfan tambien aora, açotando los perros,tocando tambores,y dando gritos por todo el pueblo, paraque refucite la Luna.

Otras muchas fuperfticiones, y abufiones tienen en otras cofas(y apenas ay cofa,donde no la tengan) que por no tenellas bien averiguadas,no las digo, todas fon ramas, y hojas que nacen del tronco de fu gentilidad, y Idolatria, y perfonas muy experimentados dizen, y fienten que tienen oy en dia las mifmas ceremonias, y fieftas que antes de la venida de los Efpañoles, folo que fe hazen muy en fecreto, y el demonio no les habla ya tan ordinariamente, ni tan en publico como antes, veamos las raizes de ella, donde es neceffario poner el remedio, fin andar como dizen por las ramas.

De las raizes, y caufas de la Idolatria, que oy en dia
fe halla entre los Indios.

CAPITVLO VII.

A principal caufa, y raiz de todo efte daño tan comun en efte Arçobifpado, y a lo que fe puede temer vniverfal de todo el reino,y que fi fola ella fe remediaffe,las demas caufas, y raizes cefarian, y fe fecarian, es falta de enfeñança, y dotrina. Porque aunque a qualquier Curato de Indios llamamos Dotrina, lo es en algunas partes en el nombre, y no fe tiene por falta de dotrina el pueblo,donde el Fifcal, o los muchachos que mejor la faben, la dizen, o cantan a los muchachos que fe juntan todos los dias, y los Miercoles,y Viernes a los del Pueblo.Pero aun de efta manera,quando bien la dizen, es como Papagayos fin entender lo que dizen, y fi les preguntan,refponderan todos juntos,y fi preguntan a cada vno de porfi, de veinte no fave vno la dotrina, digo el texto de la cartilla, y de efte quando muchachos faben mas, y quanto mas viejos menos, y vno de los mayores trabajos,que fe paffan en eftas mifsiones,es avelles de enfeñar,y examinar a cada vno de porfi, lo que es preciffamente neceffario antes de confeffarfe,y a los afsi enfeñados,y examinados fe les da vna feñal,la qual da al Confeffor, quando va a confeffarfe, y el Confeffor le da otra diferente,paraque le efcrivan en el padron por cofeffado.Tambien à fido neceffario

ceſſario en llegando al pueblo ver ſi el Fiſcal , o muchachos, que enſeñan
la dotrina la ſaben bié. Porque en algunas partes la enſeñan con muchos
errores, traſtrocando, o mudando algunas palabras, ó letras , con que hazen muy diverſo ſentido, como en el Credo por dezir Hucilachacuinin-
ta, que es la comunion , o junta de los ſantos , dezir Puellachacuininta,
que es la burla , o triſca de los ſantos. Y a eſte modo les hemos hallado,
que aun en eſte material de la dotrina tienen muchas equivocaciones , y
yerros, nacidos de que muchos Curas , aun eſta ſombra y imagen de dotrina la dexan algunos a que la enſeñen los Fiſcales , y muchachos , deſ-
preciando el enſeñalla ellos, por ſus perſonas, ni reparando mucho, a que
ſe les enſeñe mal, o bien, y ſi no hazen lo que es menos, como ſe puede entender que haran lo que es mas, que es predicalles, y enſeñalles los miſterios de nueſtra Fè , y ſacarles de ſus errores , y engaños , Muchos Curas
hazen ſu oficio muy exactamente , y como ſe puede deſear. Pero algunos ay , que ſaben la lengua , mas ni tienen exercicio , ni vſo de predicar , otros ay que ni ſaben la lengua, ni menos lo que an de predicar, ni
tienen libros , ni cuidan de ellos , otros ay, que ſon buenas lenguas, y ſaben, y pueden predicar, pero no lo hazen, por yr ſe como dixo el otro, *en
communem errorem* , y quando lo hazen es muy de cumplimiento, y ſobre
peine, ſin tomar de propoſito el enſeñalles.

  Es tambien grande impedimento para eſto , y mayor daño de lo que
podra ſer, que entiendan los que lo deven, y pueden remediar, eſtar las
dotrinas divididas en muchos pueblos, que aûque aya algunos Curas ze-
loſos del bien de ſus Indios , no pueden acudilles conforme a ſu neceſſi-
dad, y aſsi podria nnmbrar algunos pueblos, donde no ven al Cura , ſino
es para la fieſta de todos ſantos, y para el dia de la vocacion de la Ygleſia,
o otro ſemejante , y muchos pueblos donde jamas ſe les à predicado el
Evangelio, y miſterios de nueſtra Fè, ſino ſolo la cartilla , y ſe tiene por
buena dotrina, y buen Dotrinero, donde el tercio de los Indios la ſaben.
Que aunque los Concilios, y Synodos , y los Prelados deſte Arçobiſpado, eſpecialmente ſu Señoria Illuſtriſsima, que viua muchos años, que al
preſente la govierna, a pueſto grandes, y muy apretados medios, y todos
quantos ſe le an propueſto para remedio de eſte daño; todos ellos no ſon
haſta aora eficaces. Porque como dize el Proverbio Catalan , ſi cor non
mous, en vano te caramillo. Que como no les ſalga de coraçon, y de zelo
del bien de las almas, muchos no ſolo, no enſeñan a ſus Indios, pero triſ-
can, y motan de los Curas que lo hazen, diziendo que es impertinencia, y
que los Indios no an meneſter ſaber Teologias, que eſte es el miſmo termino

mino que oy a vno. Esta falta de dotrina es todo el daño. _Hoc opus hic la-_
bor est.

De esta falta de dotrina, y enseñança nace la suma ignorancia, sin hablar con encarecimiento, que tienen de las cosas de nuestra Fè, y delante
de Dios, y de los hombres tienen menos culpa los Indios, que quien no
les à enseñado, como tiene excusa de no saber matematicas, quien nunca
las à oydo, y assi a cada passo dizen los Indios, nunca me an enseñado
esto, nunca me an dicho esto.

No ay muchacho por pequeño que sea, que no sepa el nombre de la
Huaca de su Ayllo, y aunque por solo hazer esta experiencia, lo è preguntado a muchos, no me acuerdo, que ninguno por muchacho, que fues
se me aya dexado de dezir su Huaca, y son bien pocos los que preguntados quien es Dios, y quien Iesu Christo, lo sepan.

Esta ignorancia es causa de los errores, que tienen muy creidos, y en
que todos estan muy de assiento. No saben, que procedemos todos de
nuestros primeros Padres, y assi estan persuadidos no solo que los Españoles proceden de vn principio, y los negros de otro, sino que cada Ayllo, y parcialidad de los Indios tiene su principio, y Pacarina, que ellos
llaman particular, y la nombran, y la adoran, y ofrecen sacrificio; llaman-
dola Camac, que es Criador, y cada vno dize que tiene su Criador, vnos
dizen, que tal Cerro, otros que de tal fuente, otros quentan de sus Paca-
rines muchas fabulas, y patrañas. Como los de Huacho y Begueta, que el
Sol baxo a la tierra, y puso dos huevos, vno de Oro, de adonde procedieron todos los Curacas, y Caciques, y otro de Plata, de adonde salieron
los demas Indios. Otros quentan en este articulo muchas y largas fabulas
semejantes a las que fingen los Poëtas de Deucalion, y Pirrha, que por ser
largas, y casi tantas como los pueblos, o Ayllos no las quento. Solo quie
ro tornar a advertir lo que dixe arriva, que esta es vna de las razones porque los Indios estan tan pertinaces, y tercos en conservarse en sus sitios, y
pueblos antiguos, y en bolverse a ellos, quando les reduzen a otros pueblos, porque tienen aquellos por su patria y Pacarina, y aunque tengan
muchas incomodidades en estos, y comodidades en los otros, se verifica
en ellos. _Dulcis amor patria ratione valentior omni._

No tienen menores engaños ni errores en su vltimo fin, que en su primer principio, aunque ponen menos terminos, y paraderos en aquel que
en este. Comun error es de todos los pueblos de la Sierra que se an visitado, que todas las almas de los que mueren van a vna tierra que llaman
Vpa marca, que podemos explicar a la tierra muda, o de los mudos, como
dize

lize la frase Poetica Latina, *Regio silentum,* dizen, que antes de llegar ay
n grande rio, que an de passar por vna puente de cabellos, muy estrecha,
tros dizen, que los an de passar vnos perros negros, y en algunas partes
os criavan, y tenian de proposito con esta supersticiosa aprehension, y
e mataron todos. Otros tienen por tradicion, que las almas delos defun-
os van donde estan sus Huacas. Los del pueblo de Huacho, y los otros
le la costa, dizen, que van a la Isla del Huano, y que las llevan los Lobos
narinos, que ellos llaman Tumi.

No conocen en esta vida, ni en la otra mas bienaventurança, que tener
uena Chacara, de que puedan comer, y bever. Y assi dizen, que van a
iazer alla sus Chacaras, y sementeras, y no distinguen de que alla aya de
ver ni pena para los malos, ni gloria para los buenos. Estan persuadidos,
que los cuerpos muertos sienten, comen y beven, y que estan con mucha
iena enterrados, y apretados con la tierra, y con mas descanso en sus Ma-
hays, y sepulturas en los campos donde no esta enterrados, sino en vnas
iovedillas, y cuevas, o casitas pequeñas, y esta es la razon que dan para
acar de las Yglesias todos los cuerpos muertos. Engañados con estos er-
ores no tienen conocimiento de la resurrecion de los cuerpos.

Tan poco tienen conocimiento, ni estima de los Sacramentos espe-
ialmente de la Penitencia, y Eucharistia. Y assi son muy raros los que
xaminados del Visitador no digan, que siempre an callado en la confes-
ion sacramental el adorar las Huacas, y el consultar los Hechizeros, y
os demas pecados de Idolatria. Admirandome yo de esto al principio
le la visita, y queriendo enterarme, si el callar semejantes pecados era
iura, y mera ignorancia, o tambien malicia, le pregunte a vn Indio de-
ante del Visitador, aviendo dicho las Huacas que adorava, Estos pecados
onfessavaslos al Padre, dixome, que no, preguntele mas, con esta que es
iase de su legua, Que te dezia tu coraçon quando callavas estos pecados?
a respuesta fue llorar de repente con grandes gemidos y solloços, y ya
que pudo hablar, dixo, Deziame mi coraçó que engañava a Dios, y al Pa-
lre, y esto con tanto sentimiento, que en vn buen rato no quiso salir de
a Yglesia al cementerio, donde estavan los demas Indios, sino que se
stuvo llorando en vn rincon, despues que se apartó de nosotros.

No à sido pequeña causa de no tener el conocimiento, y estima de-
iida de la confession la poca, que algunos de sus Curas les an puesto, no
olo, no exortandoles a la confession entre año, pero juzgando por im-
ertinencia el admitilles a ella, quando por devocion quieren confessar-
ia algunos.

E   Mayor

Mayor es el olvido, y ignorancia que tienen del fantifsimo Sacramento del Altar, porque aunque en algunas partes algunos Sacerdotes cuidadofos del bien de fus Indios, an puefto diligencia en difponellos, para que comulgué la Pafcua, pero lo comun es que no comulgan, ni por Pafcua, ni por modo de viatico quando eftan enfermos, porque por evitar el trabaxo de difponelles los Curas, dizen, que fon incapaces. Y como efte es myfterio de Fè, entiendo que vnas de las caufas, de que no eftan tan arraigados, y fundados en ella, es no recebille. Y para efto no quiero mas razon, que el oraculo, y teftimonio del fumo Pontifice y Vicario de Chrifto nueftro Señor. Porque preguntando Clemente VIII. de felice recordacion, en cuyo tiempo fui yo a Roma dende eftas partes, por eftas palabras, *Quomodo fe habent Indi Peruani circa religionem Chriftianam*, y refpondiendole a fu Santidad, que en muchas partes toda via adoravan, y retenian fus Huacas, y Idolos, dixo fu Santidad a efto. *Communicant in Pafcate?* fe le refpondiò, que pocos, y que comunmente no comulgavan, a lo qual añadiò el fumo Pontifice, *Non erunt vere Chriftiani, donec communicent in Pafchate.*

Como la experiencia, y dotrina de los Santos, efpecialmente del glorioso fan Agaftin, enfeñan, no ayuda poco, mayormente a la gente comun, a tener eftima de las cofas de la Chriftiandad, el ornato, y aparato en el culto Divino. Y fiendo comunmente los Indios inclinados a la veneracion, y adoracion de Dios, bien fe dexa entender, quan poca ayuda tienen en algunas partes para tener eftima, y conocimiento de la verdadera, por la negligencia que ay en el ornato exterior de los teplos, y celebridad de los oficios Divinos. Pueblo, y bien grande pudiera nombrar, donde no fe dezia jamas Miffa cantada, fino es la vocacion de la Yglefia, y para entonces a mucha cofta de los Indios, trayan de bien lexos los Cantores para oficiar la Miffa, porque no avia en todo el pueblo quien fupieffe leer, ni ayudar a Miffa, fino folo vn Indio, y effe muy mal, y diziendole yo al Cura, porque no ponia vna efcuela, pues avia tanta comodidad para ella, para que aprendieffen a leer, y cantar, pues tambien refultaria en provecho fuyo el dezir Miffas cantadas, me refpondiò, que no convenia, que los Indios fupieffen leer, ni efcrivir, porque el favello no fervia, fino de poner capitulos a fus Curas.

De otras caufas de la Idolatria de los Indios.

CAPITVLO VIII.

Tra caufa fe puede dar proxima de las Idolatrias, que fe hallan entre los Indios, que es los muchos miniftros, y maeftros que tienen de ellas, como fe vè en los que an fido defcubiertos, y penitenciados en todos los pueblos. Y hecha
la quenta de todos mayores, y menores, de ordinario fe ha-
la para diez Indios, y para menos vn miniftro, y maeftro. Cada Ayllo, y
parcialidad tiene fus facerdotes particulares, y acontece no aver queda-
lo en vn Ayllo mas que tres, o quatro cafas, y effas tienen fu Huaca, y fa-
:erdote particular, que la guarda. Y Ayllo è vifto, donde no avia queda-
lo fino folo vn Indio con fu muger, y en el avia quedado el facerdocio, y
'l cuidado de la Huaca de fu Ayllo. Segun efto bien fe dexa entender,
que tiniendo como tienen tantos maeftros, que en todas ocafsiones, y a
odos tiempos les eftan repitiendo las cofas, que aprendieron con la le-
he, y que fon conforme a fu capacidad, y inclinacion, y no teniendo
juien les enfeñe los mifterios de nueftra Fè, que fon tan fuperiores a fu
ntendimiento, fino como dize el refran tarde, mal, y nunca, quanta igno-
ancia tendran en las cofas de la religion Chriftiana, y quan enfeñados, y
¿tuados eftaran en las cofas de fu gentilidad. Pueblo pudiera yo nom-
rar de hafta trecientos y cinquenta perfonas de confefsion, donde den-
ro de vna hora que llegamos, fe vinieron de fu propria volútad a defcu-
rir cerca de treinta de eftos Hechizeros, y dentro de poco llegaron a
juarenta; y en quatro ni cinco mefes no vian al Cura, y quando venia alli,
ftava quatro, o cinco dias, y luego fe bolvia, a otro pueblecillo fuyo
ien pequeño, por fer de mejor temple. Pues que maravilla que aya Ido-
atrias, donde tan pocas vezes, y tan de paffo efta el Cura, y donde tan de
fsiento ay tantos miniftros, y maeftros de ellas?

A efta continuacion, y afsiftencia de los Hechizeros fe junta otra
aufa, para confervarfe la Idolatria entre los Indios, que es la libertad de
os Curacas, y Caciques en hazer lo que les parece; y el cuidado, y folici-
ud en honrar y confervar los Hechizeros, efconder fus Huacas, hazer
us fieftas, faber las tradiciones, y fabulas de fus antepafados, y contallas,
' enfeñallas a los demas. Y fi ellos fueffen los que devian fer, feria el vni-

co medio para desterrar la Idolatria, porque ellos hazen de los Indios
quanto quieren, y si quieren que sean Idolatras, seran Idolatras, y si Chri
stianos, Christianos, porque no tienen mas voluntad, que las de sus Caciques, y ellos son el modelo de quanto hazen.

Otra causa es no averles quitado hasta aora delante de los ojos, que
uviera sido motivo para quitarselas tambien del coraçon, las Huacas mobiles que tienen, no solo todos los pueblos, sino tambien todos los Ayllos, y parcialidades, por pequeños que sean, como se dixo arriba, no averles quemado sus Munaos de los llanos, que son los Malquis de la Sierra, a
quien estiman mas que sus Huacas, no avelles destruido sus Machays, que
son las sepulturas de sus aguelos, y progenitores, y adonde llevan los
cuerpos hurtados de las Yglesias, no avelles quitado los Morpis, que llaman en los llanos, Chancas en el Cuzco, y Conopas en este Arçobispado,
que son sus dioses Penates, heredados de padres a hijos, como la joya mas
rica, y preciosas de sus pocas alajas. Y son muy raros los que no los tienen, siendo los principales herederos de sus linages, y algunos tiené dos,
y tres, y quatro.

De vn Cacique se yo que exhibió de su voluntad, once, y su muger
cinco, todas con sus particulares nombres. Tambien no se á reparado
hasta aora, en que tuviessen las camisetas antiguas de cumbi, que ofrecian
a sus Huacas, o vestian a sus Malquis, o que se ponian, para solas las fiestas,
y sacrificios de las Huacas.

Permetiaseles las medias lunas de plata, que llaman Chacrahinca, y
otras que llaman Huamas, y otras como diademas, o patenas redondas,
que llaman Tincurpa vnas de cobre otras de plata, y no pocas de oro, y
camisetas con chaperia de plata, y las Huaracas de la cabeça con botones
de plata, y plumas de diversas colores, y las Huacras, que son vnos como
collares, o alçacuellos de diversos colores, que como se dixo arriba eran
todos ornamentos de las Huacas, y para solas sus fiestas. No se quiere dezir por esto, que se les an de quitar todas las camisetas, que tiené de cumbi, con achaque que son de Huacas, sino solo aquellas, que estavan en sus
Malquis, o Huacas, y no sirvian sino a solo a este ministerio, que estas es
bien quemallas, y no guardallas, porque no entienden que se les quitan
por quedarse con ellas.

Ni tan poco se reparava en que tuviessen varios instrumentos, con
que se convocavan para las fiestas de sus Huacas, o las festejavan, como
son muchas trompetas de cobre, o de plata muy antiguas, y de diferente
figura, y forma que las nuestras, caracoles grandes que tambien tocan,
que

que llaman, Antari, y Pututu, y otros Pincollos, o flautas de huesso, y de cañas. Tienen de mas de lo dicho para estas fiestas de sus Huacas, muchas caveças, y cuernos de Tarugas, y Ciervos, y mates, y vasos hechos en la misma mata, quando nacen, entre los mismos cuernos, y otras muchas aquillas, y vasos para bever, de plata, madera, y varro, y de diversas, y figuras. Ni se reparava en tanta multidud como tenian, de Tambórines con que celebran sus borracheras, ni menos en los oficios, y trajes de los Parianas, que diximos arriva.

Antes vsavan de todas estas cosas publicamente, y hazian sus fiestas, y danças a vista de los Españoles y Curas, y aqui en el Cercado de Lima las hemos visto muchas vezes. Y es cosa cietta, y averiguada, que en muchas partes con achaque de la fiesta del Corpus, hazen la fiesta de Oncoymita, que diximos arriva, que es por entóces. Y en la Provincia de Chinchacocha, quando se visitó, se averiguó, que llevavan en la procession del Corpus dos corderos de la tierra vivos cada vno en sus andas, por via de fiesta y de dança, y se supo, que realmente eran ofrendas, y sacrificios ofrecidos a dos lagunas, que son Vrcococha, y Choclococha, de adonde dizen, que salieron, y tuvieron origen las Llamas. Y à llegado a tanto esta disimulacion, o atrevimiento de los Indios, que à acontecido en la fiesta del Corpus, poner vna Huaca pequeña en las mismas andas al pie de la Custodia del santisimo Sacramento, muy disimuladamente. Y vn Cura me dixo, que avia hallado las Huacas en el hueco de la peana de los Santos del Altar; y otras debaxo del Altar, que las avia puesto el Sacristan, y yo las è visto detras de la misma Yglesia, Como tambien se averiguò en Huarochiri, por el dotor Francisco de Avila, que para adorar vn Idolo en figura de muger llamada Chupixamor, y Mamayoc, hazian fiesta a vn imagen de nuestra Señora de la Assuncion, y para adorar vn Idolo, varon llamado Huayhuay, hazian fiesta a vn Ecce homo.

Quando les vian hazer estas fiestas todos entendian, que no avia malicia en ellas, sino que eran sus regocijos, y danças antiguas, y quando mucho, que era vna vana supersticion, en que no avia mucho que reparar. Como ni tan poco en los nombres y apellidos de que vsan, que los mas principales son de Huacas, o de sus Malquis, o supersticiosos por otras razones como se dixo tratando de los Chuchus, que son quando nacen dos de vn parto, o de los Chacpas que nacen de pies, que aun para los hijos de estos tienen nombres particulares.

El passar con estas cosas, o no entendellas, o reparar poco, o nada en ellas los que las avian de remediar, à sido causa que los Indios las continuam

nuan,y las hagan mas a fu falvo. Pero en lo que an tenido muchos mayor
defcuido,y remifsion es en confentir,y difsimular fus borracheras, y las
juntas que hazen para ellas,efpecialmente en las mingas,que llaman,para
hazer fus chacaras,o cafas. Porque es cofa muy vfada hazer todo lo que
hazen por via de comunidad. Y la vnion de eftas juntas es fiempre el bever hafta caer, y de tal madre,de mas de los inceftos,ftrupos,y otras muchas torpeças,à procedido fiempre la Idolatria en los figlos pafados.

Que afsi entienden muchos aquel lugar del Exodo, *sedit populus man-*
ducare & bibere, & furrexit ludere, que fue adorar el bezerro. Y afsi lo
dexan los Curas como cofa defauciada,y mal que no tiene remedio,y dizen que no fe quieren meter con Indios borrachos. Y yo è vifto en pueblos,que lo que mandan las ordenanças de los Corregidores, que del to-
min del hofpital fe les compren medicinas para los enfermos; reducillas
todas a vino, y embiar tantas botijas a vn pueblo, y tantas a otro, y de
muy mal vino,como lo dixo el Cura,que lo provò delante de mi,y a precio muy fubido;y fi embiaran tambien azeite,podiafe dezir, que hazian
lo que el Samaritano del Evangelio, pero todas las enfermedades quieren que fe curen con vino,porque conviño para fus interefes, y grange-
rias,verdad es,que efta falta no es de todos,aunque de los mas.

Billete pudiera yo enfeñar, que vino a mis manos, en que efcrivia el
teniente de vn partido a vn Cacique de vn pueblo; Hermano N. ay os
embio tantas botijas de vino, mirad que an de eftar vendidas,dentro de
tantos dias, y a tal precio, y pues yo acudo a vueftras cofas acudi vos a
las mias Semejantes ayudas de cofta, y no hazer cafo de eftos males, los
que los an de corregir, y curar como fon los Corregidores, y Curas; à fido otra caufa de no conocer los Indios el miferable eftado en que eftan.
Que como es ordinario en gente de corto entendimiéto conocer y eftimar la culpa, no en ella, ni por ella fino por la pena; como ven, que no les
an dado alguna pena,o caftigo, o fi à avido alguno effe à fido muy leve,
quando les an hallado,como los hallan muchas vezes en borracheras, fu-
prefticiones, ò idolatrias, y por otra parte ven, como dize muy bien el
Padre Iofeph de Acofta ca.19.li.4. *De procurando falute Indorum*,que por
cofas muy leves,como no traer vna cofa tan prefto como fe la piden,per-
der, o quebrar vna cofa,que les dieron,que llevafen, o otras cofas a efte
modo de poca importancia,les fuelen caftigar,como yo lo è vifto,con fe-
veridad; y fi fon adulteros, o Idolatras difsimulan con ellos;vienen a tener eftas culpas,que no les caftigan por menores, y mas leves,que las que
les caftigaron, que muchas vezes no fueron culpa ninguna, fino vn olvido,y

do , y defcuido natural del Indio,que no merecia caftigo alguno.

Pero fuera de todas eftas caufas,que podemos llamar extrinfecas, que fomentan, y confervan la Idolatria entre los Indios, ay otras dos intrinfecas; que fon dos errores y engaños en que el demonio,y fus miniftros, tienen muy perfuadidos y ciegos a todos los Indios. El primero es que entienden y lo dizen afsi,que todo lo que los Padres predican es verdad, y que el Dios de los Efpañoles es buen Dios; pero que todo aquello que dizen , y enfeñan los Padres es para los Viracochas , y Efpañoles , y que para ellos fon fus Huacas, y fus Malquis, y fus fieftas , y todas las demas cofas , que les an enfeñado fus antepafados , y enfeñan fus viejos , y Hechizeros; y efta es perfuafion comun de los Indios , y cofa muy repetida de fus Hechizeros;y afsi dizen,que las Huacas de los Viracochas fon las imagines , y que como ellos tienen las fuyas, tenemos nofotros las nueftras, y efte engaño y error es muy perjudicial.

Otro error , y mas comun que el paffado es , que pueden hazer a dos manos , y acudir a entrambas a dos cofas. Y afsi fe yo donde de la mifma tela, que avian hecho vn manto para la imagen de nueftra Señora , hizieron tambien vna camifeta para la Huaca, porque fienten , y dizen que pueden ádorar a fus Huacas , y tener por Dios al Padre , y al Hijo , y al Spiritu Santo, y adorar a IefuChrifto, que pueden ofrecer lo que fuelen, a las Huacas, y hazelles fus fieftas, y venir a la Yglefia, y oyr miffa, y confeffar , y aun comulgar. Aunque en efto de la Comunion les á puefto nueftro Señor vn temor, y conceto muy grande,que aun ofreciendofela a algunos ; que parece podian recebilla, no fe atreven , y no la piden fino los que eftan bien inftruidos en los mifterios de nueftra Fè , y bien defengañados de fus errores, y fe preparan con muchas veras para comulgar. Pero el comun de los Indios, como no fe les an quitado hafta aora fus Huacas , ni Conopas , ni eftorvado fus fieftas, ni caftigado fus abufos, ni fuperfticiones , entienden que fon compatibles fus mentiras con nueftra verdad fus Idolatrias con nueftra Fè , Dagon con el Arca, y Chrifto con Belial. Y fon y eftan puntualmente como los Samaritanos, de quien dize la fagrada efcritura, cap. 17. del 4. de los Reyes, *qui cum Dominum colerent, Diis quoque fuis feruiebant iuxta confuetudinem gentium;* Y defpues que a contado fus errores, concluye el fagrado texto , *Fuerunt igitur gentes iftæ timentes Dominum, fed nihilominus, & idolis fuis feruientes, Nam & filij eorum & nepotes ficut fecerunt patres fui, ita faciunt vfque in præfentem diem.*

Efte es el eftado miferable en que eftan los Indios,que fe van vifitãdo,

Eftas

Eſtas ſon las Huacas, que adoran, los miniſtros que tienen deellas, las
coſas que les ofrecen, las fieſtas que les hazen, los abuſos y ſuperſticiones que vſan, y las cauſas que yo è podido alcançar de todos eſtos
daños, y miſerias, en que eſtan los Indios.

No entiendo que fuera dificultoſo provar, que eſta peſtilencia es comun en todo el reino, Porque aun que ſe puede eſperar, que en algunas
partes que eſtan muy cultivadas, y tienen ordinario riego de dotrina, ay
poca, o ninguna Idolatria, como ſe viò en el valle de Xauja, donde ſon todas las dotrinas de Padres de ſanto Domingo, y ſan Franciſco, donde
por la continua aſsiſtencia, y cuidado de los que dotrinan, por eſtar el
culto divino de muſica, y ornamentos tan en ſu punto, y por todos los
demas medios, que ſe ponen en la enſeñança de los Indios, ſe vè la diferencia, que ay deſtos pueblos, a otros donde ay menos de aquello. Y aſsi
ſe entiende que en otras partes, no avra menos mal, que lo que ſe va hallando en los pueblos que ſe viſitan, pues ay la miſma razon para ello,
alla, que aca. Antes à cauſado admiracion, y hecho dudar a muchos, haſta
que les quitò la experiencia ſu duda, de que uvieſſe eſtas Idolatrias entre
los Indios. Aviendo viſitado tantas vezes ſu Arçobiſpado por ſu perſona, y con tan grande zelo de ſanto, Prelado el ſeñor Don Toribio, que
eſta en gloria, ſin dexar pueblo ninguno por pequeño que fueſſe; y apartado que eſtuvieſſe, y que entonces no ſe deſcubrieſſe, ni ſe ſupieſſe nada, de lo que aora ſe ſabe, tanto à ſido como eſto el ſecreto.

Pero podria ſer, que lo que entonces no alcançò con tanto trabaxo,
como entonces puſo de ſu parte: lo aya alcançado aora con ſu interceſ-
ſion, gozando de nueſtro Señor en el Cielo, impetrando tambien vida, y
ſalud para ſu Señoria Illuſtriſsima, que al preſente govierna, paraque
por todos los medios poſsibles, deſtierre eſta peſtilencia de todo
ſu Arçobiſpado, como lo va haziendo con el favor de
Dios nueſtro Señor. Pero antes que buſquemos
los remedios deſtos daños, veamos que certidumbre tienen los dos preſupue-
ſtos, que diverſas vezes
è tocado.

✶✱✶

Que

Que en las Provincias que no estan visitadas ay muchas Idolatrias.

CAPITVLO IX.

 E estos dos presupuestos, el primero, que en todas las Provincias, que no estan visitadas ay las Idolatrias que en las visitadas, y el segundo que en las ya visitadas quedan muchos rastros, y raizes de ellas, tan cierto es el vno como el otro, y entrambos son certissimos, y como tales, como principios *per se notos*, los dexava de provar. Pero porque se que no faltan personas, y de mucha autoridad, que ponen duda en lo dicho, demas de las razones que lo hazen cierto, que quedan especificadas en los capitulos pasados, quiero añadir la autoridad de algunas personas fide dignas, cuyas cartas è recebido despues que comencè a imprimir este tratado. Y pondrelas sin añadir palabra de como las escrivieron, y sea la primera del Padre Luis de Teruel de nuestra Compañia, que fue vno de los tres que anduvimos en la visita con el dotor Hernando de Avendaño, el qual yendo desde esta ciudad de Lima, a la de Chuquisaca (que esta trecientas leguas de aqui escriviò desde el Cuzco, que es la mitad del camino la siguiente.

Esde Guamaga escrevi a V.R. diesse priesa a imprimir su instrucion para visitar la Idolatria, por la gran necessidad que de ella ay para hazerlo con acierto. Porque aunque los Padres que de aquel Collegio salieron con vn Visitador hallaron mucho, fue nada en comparacion de lo que avia. Y assi pasando por alli el dotor Avila, sin procurallo, hallò que avian dexado tanto, que quando para los residuos solos uviera salido la visita, fuera muy bien empleada. Riasse V.R. si oyere dezir que ay pueblo, que no tenga necessidad de visita. Porque desde que salimos de Lima, el Padre Pablo de Paredes y yo, hemos venido confessando, y predicando en todos los pueblos, y en algunos de los tambos, y dexando a parte todo el distrito de Huarochiri, donde es necessario, que buelva la visita muy de proposito, en Xauxa nos contaron los Frailes, y algunos Españoles mil reincidencias. Pero donde mas ay es en la jurisdicion de Guamanga, donde predicamos algunos sermones los dos

G que

que veniamos, ocho dias que alli eftuvimos, y dentro de la ciudad ay tantos Hechizeros que llaman Licenciados, Conopas, Huacanquis, y otras
cofas defte genero que a penas ay quien fe efcapa. En Andaguaylas tuvimos noticia de vna famofa, y muy dañofa Licenciada, y de otro buen
viejo en Vramarca, el qual me contó lo que hazen quando alguno muere. Como lo entierran con ropa nueva, y le ofrecen comida, y cada año re-
nuevan la mifma ofrenda. Y lo q̃ hazen có los cuerpos de fus progenitores gentiles, que guardan en fus cuevas, y entierros antiguos. A eftos fa-
crifican, quando empieçan a labrar la tierra para fembrar hechando chicha en las chacaras. Si el fuego chifpea dizen que las almas de fus antepafados padecen fed y hambre, y echan en el fuego maiz, y chicha, papas, y
otras cofas de comida, paraque coman, y bevan. Y a efte modo les facri-
fican en las enfermedades. No eftuvimos alli mas que vna tarde, y la noche figuiente, y afsi no pude facar al viejo mas noticia de Huacas, fino
que tal, y tal que el me nombrava, eran adoradas antiguamente pero que
ya no. Refpuefta comun de quantos pueblos è vifto Predicamosles contra efto aquella tarde, y el dia figuiente por la mañana que fue Domingo,
confeffamos algunos, y por no perder jornada, no lo hizieron todos, aunque lo pedian. En Huancaraime defcanfamos vn dia, y hizimos procef-
fion y dotrina, y uvo fermon por la mañana contra las Huacas, y Hechizeros en comun, por no faber cofa particular, mas de que lavavan los
cuerpos de los defuntos, y los veftian de nuevo, y que velavan toda la noche en borrachera. El fruto fue tener, que confeffar los dos todo el dia,
hafta buen rato defpues de la oracion. Hizieronfe algunas confefsiones
generales de mucha gloria de Dios nueftro Señor. Tres Hechizeras famofas aunque viejas, y fordas fe manifeftaron, la adoracion principal de
efte pueblo es a los Malquis, que fon los cuerpos muertos de fus antepafados, de que me dizen ay gran copia. Vfan mucho el adivinar las cofas
futuras en Cuyes, y arañas.

Quando vno muere, velan toda la noche con gran borrachera, cantando las alabanças del defunto. Y defpues de averle enterrado fe lavan
todos en las fuentes, que tienen feñaladas para ello, y queman la ropa
vieja del defunto. Y fi a cafo en aquellos dias poco defpues de muerto
chifpea el fuego, o algun Buho, o Lechuza canta fobre la cafa del defunto, dizen, que tiene hambre, y frio, y le queman maiz, y papas, y poco a
poco van quemando todas las alhajas que dexò hafta que no queda nada.
Ay aqui vna Huaca antigua muy famofa, cuyo nombre fe me à olvidado,
la qual en tiempo de los Ingas hablava. Y es tradicion entre ellos, que
                                                                pafando

ſando por eſte pueblo Mancocapac, le fue à hazer ſacrificio, y ella le
ixo,que no queria recebillo, porque no era Inga legitimo, y que le avia
e quitar el reyno. De lo qual enojado Mencocapac hizo arrojarla por
cerro abaxo. Quando fueron a menear la piedra ſalió de ella vn Papa-
yo muy pintado,y fue por el cerro adelante volando. Y aunque mandò
Inga, q̃ cõ piedras, y ayllos, ò libis le ſiguieſſen, no le alcançaron, antes
egando a vna gran piedra ſe abrió,y le encerrò en ſi,y ſe bolvió a juntar
mo antes eſtava. Y eſtas dos piedras de donde ſalió, y entró el Papa-
yo ſon muy temidas. Quiſo(algunos años à vn Indio muy virtuoſo de-
te pueblo,y de nueſtra cofradtia del Cuzco) poner vnas cruzes en eſtos
rros, donde eſtan eltas piedras, y aunque los Indios le ponian mucho
iedo, ſubió alli con ſus Cruzes, y ſe levantò tan gran viento; y con tan
an ruido,que parecia,que hablava. Tuvo gran pavor, y los cabellos(co-
o el me dixo) ſe le erizaron, peró con todo, repitiendo, è invocando el
ombre de I E S V S, concluyò con ſu devocion. El ayre arreció de
anera, que las Cruzes ſe quebraron,y aunque otra vez ſe renovaron, y
aſieron, ſe bolvieron a quebrar, y dixome el miſmo, que no ſuele aver
li aquellos ayrazos. Quando quieren ſembrar hazen ſacrificio a los pu-
ios, y echan en ellos maiz blanco, y de alli lo buelven a ſacar al cabo
e algunos dias, y lo ſiembran, y dizen que con eſto ſalen buenas las ſe-
enteras. Quando eſtan enfermos, los Hechizeros les mandan hechar
aiz blanco en el camino real, para que los paſajeros ſe lleven la enfer-
edad. Otras vezes va el Hechizero a la cumbre del cerro mas cercano,
con vna honda le apedrea muy de propoſito, quexandoſe de que ella
uſa aquella enfermedad, y pidiendole la quite. Vſan el lavar el enfermo
n chicha, y refriegalle cõ maiz blãco para el miſmo efeto. A eſte modo
nos en eſte camino hallado otras muchas coſas, q̃ ſeria largo contallas,
gumento cierto de la ceguedad en que eſta gente vive, y de la neceſsi-
id de remedio. A las bueltas emos cobrado noticia de las Provincias
e los Aymaraes, Cotabambes, y Condeſuyos de Arequipa, que eſtan co-
o vna inculta ſelva, donde parece que nunca ſe à predicado la Fè de Ie-
ι Chriſto.

Mucho mas adelante paſa la carta dicha, pero eſto baſte, paraque por
la ſe entienda, que todo el paño es de la miſma lana, y del miſmo co-
r, y tiene la miſma mancha, y que no à de ſalir de la primera vez que ſe
ve. Como tambien ſe vera por vn capitulo de otra carta de vn ſacerdo-
ſeglar,de mucha verdad,y zeloſo de la gloria de nueſtro Señor, y bien
e los Indios, eſcrita al dotor y viſitador Diego Ramirez Cura, que a

F 2   preſentl

preſente es de la Metropoli de eſta ciudad, pidiendole como a experimentado inſtrucion, para deſarraygar la Idolatria de los pueblos, donde
ſe hallava docientas leguas de eſta ciudad, y dize aſsi:

AQui me ando imponiendo, y por las dos que v.m. me à embiado,
apuntandome las particularidades de ceremonias, abuſos, adivi-
naciones, embuſtes, y embaymientos, ſacerdotes Indios, que ſe
fingen, que dizen Miſſa, y confieſſan, curan, y dogmatizan, y ſe hazen
Profetas de coſas venideras, con todas las demas menudencias, ritos, y
adoraciones, vienen concertadas con las de acà, y es general enfermedad
en eſtos deſventurados, mayormente dentro de los terminos de Potoſi,
que ſe abraſa eſta peſte maldita. La cauſa es que las Iuſticias no ſe ocupan
mas que en buſcar ſus provechos, y los Curas ſu pie de altar, y no oſan re-
prehender, ni obviar los males de que tienen noticia, y mas la ſemana de
Todos ſantos, la mezcla, q̃ hazen con nueſtras ceremonias ſantas, de las
ſuyas en razon de los defuntos. Deſde eſta tierra haſta los Charcas (es
eſte eſpacio de mas de cien leguas lo mas poblado, y frequentado del Piru) no eſta plantada la Fè. por no ſe predicar, y andar la gente tan de leva,
y alçada ſin entrarles coſa de devocion ſpiritual. Antes parece que tienen odio, enemiſtad y mal ſabor a las coſas de Dios, y caſsi tienen razon
porque los que les enſeñamos, moſtramos el vltimo fin, de enriquecer en
breve tiempo. Y à de ſer con detrimento de las ovejas, que ſon traſquila-
das ſin piedad y amor. Y el trato que reciben de los Eſpañoles, y Corregidores es crudo, y incomeſtible, y aſsi ſe van fuera de ſus pueblos a va-
gar, y no ſe dexan conocer de ſus Curas, y Paſtores. De donde eſtan las
Ygleſias por hazer, caidas otras, y maltratadas, ſin ornamentos, y los pueblos aſolados, ſin aver ya, quien dè tributo a ſu Mageſtad, mas que las pobres mugeres, y certifico que oy ay en eſta Provincia, mas de dos mil biu-
das; que pagan la taſa de ſus maridos, diez años à muertos, y de cinco
años a eſta parte muchas mas.

Eſte es el capitulo de la carta ſobredicha.

El Illuſtriſsimo Señor dotor Don Pedro de Valencia Obiſpo de Chuquiavo, que de Chantre de eſta Metropoli fue promovido a aquella ſilla,
con la experiencia de lo que avia viſto en eſte Arçobiſpado, y el zelo que
nueſtro Señor le à dado del bien de ſus ovejas, encomendò la viſita de la
idolatria a vn Sacerdote de mucha ſasisfacion, y a pocos dias deſpues que
començò la viſita le eſcribiò la ſiguiente, la qual me embiò ſu Señoria
originalmente, paraque la moſtraſe al Señor Virrey.

Aviſado

VIſado tengo a vueſtra Señoria la diligencia, que quedo haziendo contra Indios hechizeros, y principalmente en razon de vn Idolo de piedra de tres eſtados en alto muy abominable, que deſcubri, dos leguas de eſte pueblo de Hilavi, eſtava en vn cerro el mas alto, que ay en toda eſta comarca en vn repecho que mira hazia donde nace el Sol, al pie del cerro ay mucha arboleda, y en ella algunas choças de Indios que la guardan, ay tambien muchas ſepulturas antiguas muy grandes, de entierros de Indios muy ſumptuoſamente labrados de piedra de encaxe, que dizen ſer de las cabeças principales de los Indios del pueblo de Hilavi. Eſtava vna plaçuela hecha a mano, y en ella vna eſtatua de piedra labrada con dos figuras monſtruoſas, la vna de varon, que mirava al nacimiento del Sol, y la otra con otro roſtro de muger a las eſpaldas, que mirava al Poniente con figura de muger en la miſma piedra. Las quales figuras tienen vnas culebras grueſſas, que ſuben del pie a la cabeça a la mano derecha, y yzquierda, y aſsi miſmo tienen otras figuras como de ſapos. Eſtava eſta Huaca del pecho a la cabeça deſcubierta, y todo lo demas debaxo de tierra. Tres dias tardaron mas de treinta perſonas en deſcubrir todo el ſitio al derredor deſte Idolo, y ſe hallaron de la vna parte, y otra delante de los dos roſtros, a cada parte vna piedra quadrada delante de la eſtatua, de palmo y medio de alto, que al parecer ſervian de aras, o altares muy bien pueſtas, y arrancadas de ſu aſsiento con mucha dificultad, ſe halló donde eſtava aſentada la ara de la eſtatua, con vnas hogillas de oro muy delicadas, eſparcidas vnas de otras, que relucian cen el Sol. Mucho trabajo è paſado en arrancar eſte Idolo, y deshacelle, y mas en deſengañar a los Indios. Pero lo que aora me da mas pena Señor Illuſtriſsimo es, que las diligencias, amoneſtaciones, y predicaciones, que hago en eſte pueblo en raçon de que aya dotrina, y que ſe deſengañen los Indios, y ſe eſcuſen amancebamientos, inceſtos, y otros vicios, no tengan el efeto que deſeo; Porque no ſe junta la gente viviendo a rienda ſuelta en eſtancias, y huaicos donde eſtan. Y el que ſuſtenta eſte deſorden es vn malvado de vn Cacique principal, y es publico que manda a los Indios, que no oyan Miſſa, ni acudan a la dotrina Chriſtiana, ocupando a muchos en que le labren ſus tierras, y guarden ſu ganado, y en otros ſervicios, y es de manera que vive muy eſcandaloſamente, y à años que no ſe confieſſa, y no ſe como remediallo. Harè lo que pudiere, y vueſtra Señoria eſte prevenido por ſi fueran alla con quexas los caſtigados, &c.

Eſto eſcribe el Viſitador Alóſo Garcia Quadrado, y mucho mas eſcrive de Tiahuanaco el Viſitador Bart. de Dueñas, q dexo, por no ſer largo.

Que en las Provincias que estan visitadas quedan
muchas raizes de Idolatrias.

CAPITVLO X.

Or lo dicho queda baſtantemente provado, que no ay menos Idolatrias en las demas Provincias de eſtos Reynos,
que avia en las de eſte Arçobiſpado. Veamos ſi es tã cierto,
que con la primera reja de la viſita, no ſe arrancan todas las
malezas, y raizes de la idolatria. Para lo qual ſerà baſtante
teſtimonio las cartas, y relaciones, que embiò al Señor Virrey, y al Señor
Arçobiſpo de eſta ciudad eſta ſemana paſada el Licenciado Rodrigo
Hernandez Principe. Tenia eſte Sacerdote la dotrina de ſanto Domingo de Ocros, en el corregimiento de Caxatambo, diole nueſtro Señor
deſeo de dexalla, y con licencia de los Señores Virrey, y Arçobiſpo, an-
darſe por los pueblos del dicho corregimiento, ſin titulo, ni oficio de
Viſitador, catequizando, predicando, y confeſſando, y empleando en todo el buen talento, que nueſtro Señor le à dado, llevando ſolo por compañero vn buen Indio cojo, que anduvo con noſotros en la viſita, y es tan
entendido en las coſas de nueſtra ſanta Fè, como diligente eſcudriñador
de las ſuperſticiones de los Indios, y por entrambas a dos razones catequiza admirablemente.

A hecho, y va haziendo en eſta miſsion, que aun al preſente dura, el
Licenciado Principe muchas coſas de grande ſervicio de nueſtro Señor,
por medio, è interceſsion de la ſantiſsima Virgen Maria, a quien à tomado por Abogada en eſta empreſſa. Todos los pueblos por donde paſſa los
dexa deſengañados de ſus errores, y alentados en el ſervicio de nueſtro
Señor, y las Ygleſias reparadàs de ornamentos, y imagines, y de todos los
pueblos embia dineros para eſte efeto, y el dia de oy tengo dineros ĝ me
à embiado para compralle diverſas coſas, que faltavan en las Ygleſias de
quatro pueblos. Y de ſu propio dinero, que me remitiò para ello, le
comprè, y embiè grande cantidad de Roſarios, que va repartiendo entre
los Indios. Pero veamos mas en particular algo de lo que à hecho, por
vna ſuya, que de mi mano dí yo al Señor Principe de Eſquilache Virrey
de eſtos reynos, que comiença aſsi:

Aviendo

Viendo escrito, y embiado a Lima, por la confirmacion de la cofradia de nuestra Señora de Loreto, que se fundò en Totopon, en
reconocimiento de aver sido parte la serenissima Reyna de los
Angeles, de que uviessen manifestado sus Idolos, y hecho obras muy
de Christianos aquellos pocos Indios: el segundo pueblo, que topè fue
el de Cahacay, donde continuè lo començado, predicando mañana y tarde, y catequizandoles en los rudimentos de la Fè, declarandoles que mi
venida era solo para desengañalles del error de la Idolatria, de que táto se
servia Dios nuestró Señor; y tanto deseavan los Prelados. Aviendo mo-
vido al pueblo a la diciplina del Viernes en la noche, donde uvo vna
platica, aviendo precedido a esto vn ayuno general para disponer al pueblo. Despues de la platica y disciplina aquella misma noche se vinieron a
manifestar algunos con grandes muestras de dolor, y arrepentimiento, y
dixeron, que aunque no avian idolatrado actualmente despues de la visita acà, como antes lo avian hecho, yendo a sus Huacas; a lo menos no se
avian excusado de hazello con el coraçon desde sus mismas casas, y chacaras, con muestras exteriores, è interiores. Porque por impulso del Demonio estavan persuadidos, que tras de este tiempo vendria otro, donde
podrian a su salvo bolver a sus antiguallas con el descuydo de los Pastores. A cuya causa no avian manifestado de todo punto sus Huacas, ma-
nifestando las que a sabiendas avian ellos puesto en la superficie de la tier
ra, con algunos instrumentos del servicio de las Huacas, temiendo otra
ruina como la que uvo en la quema, que hizo aquel mentadissimo Fray
Francisco. Y que las propias Huacas que tenian de sus antepasados estavan enterradas vn estado y mas debaxo de tierra, en los mismos assientos
donde estavan las Cruzes de la visita pasada. Y que para demonstracion
que esto era verdad, me llevarian a que lo viesse por vista de ojos, pues
era Dios servido ya de vsar de sus misericordias, sacandoles de esta ceguedad.

Otro dia Sabado, aviendo dicho Missa de nuestra Señora, paraque nos
diesse buen sucesso: estando ya todos los del pueblo por esclavos de la
Madre de Dios, segun su carta de hermandad caminamos a las antiguas
poblaciones, que estavan a legua, y legua y media, por caminos tan aspe-
ros, que ni aun a pie podiamos caminar.

La primera poblacion fue de Choquechuco, y cavando vn estado
de hondo, donde estava la Cruz se sacò la Huaca de Choquechuco, que
es de piedra de color de higado con su rostro, y ojos. Estava puesta sobre
vn almirez de piedra rodeada de veinte y cinco Conopas, que son Idolos
menores,

menores, donde avia por ofrenda mucha plata menudilla, como argenteria gruessa con otros instrumentos para sacrificios.

En la llanada de la poblacion de Humi, donde estava vna Cruz, y de donde en tiempo de la visita avian sacado la Huaca Humivilca, se cavò mas de vn estado, y topamos con vn Idolo de piedra de la hechura de vn Indio, y junto a el otra piedra bernegosa, y dizen que era su hermano, ambos estavan sentados sobre vna losa muy llana acompañados de treinta y dos Conopas con otros sacrificios.

En la poblacion de Quichumarca, en el lugar donde estava la Cruz de la visita pasada se cavò mas de vn estado y medio, que casi estavamos para dexallo, quando topamos con las señas de los sacrificios, y dimos con tres Huacas. La mayor dizé era Huari Huaca, y los dos hermanos suyos, de figuras tan particulares que miralles ponia horror. Tenian quarenta y siete Conopas, y entre los sacrificios pedacillos de plata, y vna trompeta de cobre con su brocal de plata, y tres piedras bezares grandes las dos gastadas con el tiempo.

Dende aqui fuimos a la poblacion de Chochas, donde en vna quebrada avia vn grandisimo peñol torreado, en cuyo assiento esta la Cruz, de donde dizen se sacò la Huaca que llevaron al Visitador. Mas yo me guiè por los viejos, y me determinè de subir al peñol por vn caracol que tenia por escalera. No pude subir mas que hasta la mitad, porque me pareciò temeridad passar adelante. Alla subieron no con poco trabaxo los Indios, y me traxerò la Huaca de Llaxavilca, que era como medio cuerpo, cabizbaxo, el vn ojo, mayor que el otro, tenia junto si otra Huaca, y ambas estavan sentadas sobre vna losa, avia muchos huessos de los sacrificios de las Llamas.

Todos los Malquis, que topamos muchos (que son los cuerpos gentiles que los Indios adoran) quemamos, y entre ellos hallamos dos pares de vasos de plata pequeños con que parece les solian dar de bever los Indios a estos muertos. Venida la noche nos bolvimos dando al Señor las gracias del buen sucesso, llevando los Idolos, y todo lo demas que aviamos hallado. El dia siguiente Domingo celebramos la fiesta de la Madre de Dios, y hizimos vna solemne procession, atribuyendo a su intercession este hallazgo, y predicò el Licenciado Francisco de Virves Cura de esta dotrina; que à ayudado como buen Pastor en este ministerio. Lleno el pueblo de devocion me pidieron fundassemos vna cofradria de la vocacion de nuestra Señora como se hizò.

Este mismo dia de la fiesta de nuestra Señora, me manifestaron otra Huaca

Huaca, adonde fui perfonalmente : que ya tengo por muy grande entre-
enimientos eftos exercicios, donde no es oro , lo que fe bufca fino falud
le almas. Fuimos al afsiento de Chanca , del qual no fe diò noticia en la
vifita paffada , y a pocos paffos que dimos por la antigua ploblacion , dimos con la mentada Huaca Sañumama. Que era, vna formada olleria antigua de tinajones, y cantaros , y vafos de loza a modo de los del Cuzco,
que todo eftava enterrado de baxo de tierra en vn depofito. En el bordo
de la puerta eftavan dos Llimpis de varro , con que brindavan la Huaca.
En medio de efta lozeria eftavan tres tinaxones muy grandes , y el de en
medio que era la Huaca , lleno de chicha hafta baxo del gollete , que con
el inmemorable tiempo , que la hecharon, fe avia convertido en agua. La
qual eftava liena de muchos facrificios de Cuyes , y de las demas cofas
que firven en efte minifterio endemoniado. Por Corpus dizen la festejavan , y facavan de aquel lugar, y brindavan en aquella poblacion, y la veftian a modo de vna Palla con fus topos de plata. Era efta Huaca reveren-
ciada de las Provincias comarcanas.

La compañera de efta Huaca Mamafañu, eftava algo diftante, y aviendo cavado medio eftado, fue defcubriédo mucha quemazon de hueffos y
ceniça, y muchos facrificios, y Idolos defcabeçados, y perniquebrados,
eftavaen medio de vna piedra larga fentada fobre mucho metal de plomo
acompañada de mucha fuma de Conopas. Averiguê que aquellos Idolos
avia quemado el dicho Fray Francifco, y que los Indios defpues del paffado, los enterraron donde eftava la dicha Huaca. Lleyofe todo al pueblo, y en prefencia de todos fe hizo vna grande hoguera, quemofe todo,
y fe hecharon las ceniças en vn arroyo , porque el Demonio no las junte
otra vez.

En la poblacion de Chuquimarca tres leguas efte Cahacay , fe facò la
Huaca Quenac , de vn codo en alto figura de Indio , cuyo hermano dizen llevaron al Vifitador, y efta eftava mas a dentro , con fus facrificios.

En la poblacion antigua de Huahalla , junto a efta fe facò vn Gigante
de piedra , aunque fin braços. Eftava todo el cuerpo enterrado , y fola la
cabeça de fuera, y efta bien tapada con lofas. Dizen los viejos del Ayllo
de efta Huaca , que fe llama Huari, o por otro nombre Chani , que folian
dalle Coca mafcada poniendofela en la boca. De otra parte fe facaron dos
cuerpos enteros y fecos , muy nombrados y refpetados de todos , llamados Caxaparac, y fu hijo Huaratama, que eftavan en fus Machays, veftidos a vfo de guerra con mucha plumeria de diverfos colores, y otros ro-
pajes, que con el tiempo eftavan gaftados. Vn poco apartado de eftos

H   eftaye

eſtava en otro depoſito, con el miſmo ropaje que el paſſado llamado
Vinchos.

Todos eſtos cuerpos y Huacas, ſe quemaron con aplauſo y guſto de
todos, y es de ſuerte que los miſmos viejos, y viejas, que ſon los encubri-
dores, y guardas de eſtas Huacas, me las trayan diziendo. Padre mio, que-
menſe eſtos Demonios, que tanto mal nos an cauſado.

Haſta aqui es la carta, que ſe dió a ſu Excellencia, de lo que ſe deſcubrió en ſolo el pueblo de Cahacay, deſpues de viſitado, para que ſe vea el
cuidado, que ponen los Indios en encubrir ſus Huacas, y la diligencia, y
trabajo, q̃ cueſta el deſcubrillas. Pero para que ſe entienda lo q̃ alcança la
paciencia, y ſufrimiento, y la eficacia de la palabra de Dios, y para que
con eſte exemplo ſe inciten todos los Curas à hazer como deven, lo que
deven de Iuſticia, que es el predicar, y cathequizar de ordinario y con
veras, y con deſſeo de convencer a los Indios el entendimiento, deſengañandoles de las mentiras, que apréndieron, y enſeñandoles las verdades,
que ignoran; y otros ſe deſpiertan à hazer eſto miſmo de charidad como
lo haze el Licenciado Rodrigo Hernandez, aunque ſea larga. pues no es
fuera de propoſito, pondre otra carta ſuya eſcrita al Señor Arçobiſpo
conſequente a la paſſada, que es la que ſe ſigue.

POr los años de mil y quinientos y ſetenta y cinco, quemó y deſtru-
yò muchas Huacas, por toda eſta Provincia vn Padre de ſanto Domingo llamado Fray Franciſco. Como nuevo en las coſas de los Indios, y que aviendo tanto que hazer paſſaua, de priſa, no pudo tener noticia de todas las Huacas, y los Indios tambien ſe previnieron en eſcon-
dellas; y deſpues no ſe deſcuidaron en guardar las Huacas quebradas, y
medio quemadas. El reſpeto, el amor, y el temor que el Demonio les à
pueſto de ellas me admira, quando veo, lo que aora dirè. Y es, que aunque
de ſu motivo, y de ſu propia voluntad dizen los viejos, quando eſtan deſengañados, que el demonio los avia tenido ciegos, y que fueſſemos a ſacar las Huacas dónde las tenian eſcondidas; pero quando ivamos, llevandolos por guia, yvan tan de mala gana como ſi fueran al ſuplicio, y dego-
lladero, temblando, y ſudando, y traſudando, y travandoſeles la lengua
que a penas podian hablar, ni menear pie ni mano, que me parece les re
preſenta el demonio, el amor terniſſimo, que an tenido à ſus Huacas, e
cuidado, con que les an guardado, y el dolor grande, ſi ſe las quitan. Aſs
ſe trabaja lo que Dios ſave, andando a vezes a ciegas de vn cerro en otro
y de vnos depoſitos a otros, las mas vezes a pie con el rigor del Sol, y de
                                                              Ayre

yre, y mudança de tantos temples ya muy frios ya muy calientes, hasta
ue nuestro Señor es servido, y su Madre bendita, (que ella es la que an-
la en asta obra)que llegue la hora, de que a puras persuasiones, y ruegos,
jue se les hazen, y a vezes con amenaças, perdida la paciencia, y las mas
ezes con la suavidad de la ley Evangelica, con que hazemos nuestro
lescubrimiento, considerando que nunca lo mucho, y dificultoso costò
oco, y mas en salvacion de almas.

Arriba del pueblo de Yamor sacamos la Huaca Libiac, que es del
Rayo, que era vna piedra grande partida por medio con vn Rayo, tenia
gran suma de sacrificios de carneros de la tierra, y de otras cosas.

En la punta del cerro estava la Huaca Quenac, rodeada de muchas
piedras era de figura de vn Indio sin braços ni pies, estava soterrada a me
dio estado; acompañada de muchos sacrificios, y vna trompeta de cobre,
con que se convocavan para sus fiestas.

En medio de los edificios, y fortaleza del pueblo antiguo, de donde
levaron al Visitador vna Huaca que estava en la superficie de la tierra,
que dizen era Huaina Yurac, hijo de Apu Yurac, que dixeron al dicho
Visitador que avia quemado Fray Francisco, mas a mi me dixeron que se
avia convertido en halcon luego, que tuvo hijos, y que este halcon estava
en el dicho lugar, donde mandè cavar, y a vn estado se hallò vn deposito
a modo de boveda vn halcon de piedra sobre vna planchilla de plata, rodeado de muchas Conopas, que tenia la Huaca por criados, tenia muchos
sacrificios, y vna trompeta. Aqui cerca estavan quatro cuerpos enteros y
secos, con mucha plumeria, y vestidos ricos, aunque consumidos con el
tiempo, dizé, que son hijos de esta Huaca, y progenitores de todos los de
este Ayllo, y assi los adoravan, y consultavan en todas sus necesidades.
Y estos difuntos son mucho mas perjudiciales, que las Huacas, porque a
estas es su adoracion de año a año, pero a estos muertos todos los dias.

Vna legua del pueblo, camino de Cahacay se sacò la Huaca Quenac
Vilca, que era vn fierissimo Idolo de piedra rodeado de mucha plata me-
nuda, y conchas de mar: al hijo deste llamado Huayna Quenac, quemò el
Visitador. En casa de los padres de vn Indio principal, tenian escondi-
dos vnos cabellos de vn gran Idolatra bisahuelo de quien los descubriò,
respetavan, y adoravan los cabellos, y la memoria de este Indio, cuyo
cuerpo quemò el sobredicho Fray Francisco, porque le avian respetado
mucho en vida, por ser consultor del Inga.

En la poblacion antigua de Hupa en medio de vna fortaleza de cante-
ria cavando ···· de estado y medio, se hallò en medio de vna casita hecha

càteria la Huaca Apu Yurac, que era de piedra de figura de Indio de tres quartas de alto fobre vnas planchillas de plata, rodeada de muchas Conopas, y facrificios, y con vna trompeta, y otros varios inftrumentos de fus fieftas.

De otra parte facamos la Huaca Achacay, que eftava como la paffada. En todos los lugares pufimos Cruzes, hizimos grande fiefta a nueftra Señora nueftra Patrona. Y porque avian eftado muy incredulos de q̃ uvieffe Purgatorio, defpues que les catequize en efte articulo, me pidieron que fe fundaffe vna cofradia de las animas del Purgatorio, como fe hizo.

En Huaylla cayan eftuvimos quatro dias el Cura, y yo, catequizando, y predicando, mas el coraçon me fignificava con muy grandes impulfos que convenia yr primero al pueblo de Colqueyoc, que efta quatro leguas de aqui, y de muy mal camino. Antes que fueffe a Cahacay eftuve en el quatro dias; pero afligime de ver q̃ no hallava difpoficion de poder hazer fruto, y por no aver vifto a fu Cura, para tomar fu beneplacito, lo dexè por entonces, mas aora me pareció bolver otra vez para fatisfazer la confciencia. Fui a efte pueblo con el Cura, y gaftamos ocho dias en catecifmos y fermones, refutandoles fus errores al cabo de los quales diziendoles vna vez, que los hallava duros, y indevotos, y que entendia que tenian algun grande impedimiento, que lo caufava, y que efte era guardar toda via fus Huacas, y vivir en fu gentilidad. Movioles el Señor de fuerte, que dixeron, que no querian ellos fer menos, que los de los otros pueblos, &c. Llevaron nos a la otra banda del pueblo cerca de vn quarto de legua, donde eftava vna cueva muy grande, y en ella muchos defuntos gentiles, y entre ellos tres cuerpos de Gigãtes de disformes cabeças, veftidos de Cumbi, aunque con el tiempo podrido. Eftos fon los progenitores de todos los de efte pueblo a quienes adoravan, y tenian en mucho, avia muchos raftros de facrificios, los cuerpos y ellos fe quemaron, en el pueblo. Vn grande Hechizero defcendiente de eftos gentiles, y que tenia quenta con hazelles facrificios, que dizen que era brujo, y fe tornava en Lechuça, y murió dies y ocho años à, dexò mandado, que por quanto moria en fu gentilidad, y en la ley de fus antepaffados y deudos, que le enterraffen en fus Machays, como lo hizieron, defenterrandole de la Yglefia. Embiè por el con mi catequizador Indio de confiança, y me le traxeron con todos los facrificios, que le avian hecho, yendole a confultar defpues de muerto, efte quemamos con los dichos Gigantes.

Mas abaxo de efte avia otra Huaca en medio de vna cerca, donde avia mucha ofamenta de Llamas (que fon los Carneros de la tierra) que le avian

avian facrificado, tres trompetas, y otros muchos inftrumentos de los facrificios.

En la poblacion de Quepas, facamos de baxo de tierra la verdadera Huaca Huamantucoc, porque en la vifita avian llevado al Vifitador otra por ella.

En las ruinas de Cocha Libiac, cavando mas de vn eftado, hallamos muchas feñales de facrificios, y vn depofito hecho a propofito, dentro del qual eftava el Idolo Mullu Cayan, fentado en vna lamina de plata bien delgada, acompañado de muchas Conopas, era efte Idolo pequeño, y de bronce.

Mas abaxo vn tiro de piedra, facamos al hermano de efta Huaca, que fe llamava Coto Tumac, y eran los pedaços de la que quemò Fray Francifco. Y quando efto fucediò, dizen los Indios, que uvo grande llanto, y fentimiento, y facrificaron muchas Llamas, y afsi fe ven los raftros de ello.

Mucho me affigiò al principio ver tan poca difpoficion en los Indios, para las cofas de devociò; y la Yglefia tan pobre, que es mas para llorar, q para dezillo. Y como quifo nueftro Señor movelles por medio de fu palabra, a defcubrir a fus amadas Huacas, les moviò tambien, a que dieffen, y juntaffen alguna limofna, como lo hizieron muy liberalmente, para vn cielo, y dofel, y vn fanto para fu pueblo, cuyo patron es fan Iuan Baptifta. Di les la carta de efclavitud de nueftra Señora, y enfeñeles a rezar el rofario, y bolvimos con mucho gozo a Huayllacayan. Dòde comencè de propofito a refutalles los errores, que avian quedado refutados en la tabla de la vifita del dotor Hernando de Avendaño. Y para que en todo fe acertaffe, tuvimos nueftra acoftumbrada diciplina, y nueftras rogativas. De ellas refultò el llevarnos los viejos a las ruinas del pueblo de Cotas, de donde facaron en tiempo de la vifita la Huaca Rimay, y dixeron que a fu Padre Huaracayac avia quemado Fray Frácifco, mas no quifo nueftro Señor, que efta vez fe ocultaffe. Porque cerca de medio quarto de legua de donde eftava fu Padre, y a poco que fe cavò, topamos con el, tenia efte Idolo muchos facrificios. El facerdote que cuidava de efta Huaca, fue llevado a la reclufsion de fanta Cruz.

Otro dia fuimos al afsiento de Hunoyan, que efta mas de legua y media. Eftavan aunque medio arruynados vnos apofentos de piedra de encaxe, como los edificios del Cuzco, de adonde avia facado el dicho Fray Francifco, dos famofas Huacas, y tan temidas, que les facrificavan muchachos, y niños, porque dizen fe fuftentavan de carne humana. Pero los

H 3 Indios

Indios defpues que pasò Fray Francifco, recogieron los pedaços de las
Huacas, y las bolvieron al mifmo puefto de donde fe facaron aora.

En el afsiento de Chinchas legua y media de aqui, eftava la mentada
Huaca de Vfuy, que por fer muy grande fe avia efcapado en la vifita. Pero efta vez no le valiò, porque llevè mucha gente, y la faquè de raiz, def-
menuce, y quemè todos los facrificios, y el cuerpo de vn grande Hechizero, que dezian, era hijo de efta Huaca.

En la poblacion de Chayna fe deshizo otra Huaca, que por fer grande no fe pudo facar, quemaronfe muchos facrificios, llamavafe efta Huaca Iufca, y otros tres hijos de efta Huaca, que eran cuerpos de gentiles
tambien fe quemaron.

Las ruinas de Arauyac eftan cerca de dos leguas y media del pueblo,
y de tan mal camino, que no fe puede yr a cavallo, por fer todo vn defpe-
ñadero. Aunque con mucho trabaxo llegamos alla, facamos dos Huacas,
que dizen fer marido y muger, con efta no encontrò Fray Francifco que
quebrò, y quemò al marido, y los Indios tornaron a juntar los pedaços,
y los reverenciavan en aquel lugar. Mueftran los edificios de efte pueblo
aver fido grande, y ellos grandes Idolatras, y que como tales los à caftigado, y deftruido nueftro Señor, pues de todos no à quedado mas que el
facerdote de efta Huaca, que efta reclufo en fanta Cruz.

La Huaca del Ayllo de Sopan, eftava en fu antigua poblacion, llamavafe Apu Xillin, derribola y quemola Fray Francifco; pero los Indios la
tornaron a reparar, y la tenian foterrada con muchos facrificios, y alguna plata. A Huayna Xillin hijo de efta, quemò el dotor Hernando de
Avendaño. Cuyas pifadas, y las de los Padres de la Compañia è feguido
en efta predicacion, para poder acertar, porque yo confieffo vna verdad,
que fino hallara difpoficion en la gente prevenida de la vifita, y luz de
los errores que tuvieron, averiguados en ella, que poco me podia aprovechar de la experiencia de decifeys años de cura. Concluymos con efte
pueblo dia de la Cócepcion de nueftra Señora, que es fu vocacion, efcri-
vieronfe de nuevo por efclavos de efta Señora, que tanto les à favoreci-
do. Las Huacas que eran portatiles embio a Lima, las demas y los cuerpos muertos fe quemaron. Llevan tambien las trompetas, y ocho marcos
y medio de plata, que fe hallaron en las Huacas, las ceniças de la quema fe
echaron en los rios, porque no las tornen a juntar.

Todo efto es de la carta fobredicha. Por donde fe ve fi es menefter fegunda, y tercera vifita. Y para prueva de efto pudiera dezir tambien las
Huacas, que an defcubierto muchos Curas defpues de la vifita con la
continua

continua predicacion, como el dotor Pedro de Ortega muchas en Checras, el Licenciado Francifco de Eftrada en Mancas, y Lampas, y el Licenciado Miguel Rubio en Huacho. Por donde fe vè quanto importa
la continua predicacion de los Curas, como veremos en los capitulos figuientes de los remedios, para la extirpacion de la Idolatria.

Los medios para defarraygar la Idolatria.

CAPITVLO XI.

 As me holgara de oyr vna conferencia de hombres experimentados, y zelofos del bien de los Indios acerca de efte
punto, y efcrevir los medios, que otros dieran, que ferian
tales, y tan buenos; pero en el entretanto dirè brevemente los que a mi fe me ofrecen.

Las dos principales caufas de la Idolatria de los Indios, diximos que
eran, La primera fuma ignorancia, que tienen de las cofas de nueftra Fè,
por no eftar enfeñados en ellas, y el engaño en que fiempre eftan de fus
Huacas, y fuperfticiones, de que no an fido defengañados, que tambien
es falta de dotrina y predicacion; la qual fe à de enderecar, no folo en
plantar en fus coraçones las verdades de la Religion Chriftiana, fino a
arrancar de ellos las maleças, y raizes de fus errores. La fegunda caufa es
el no averles quitado hafta aora fus Huacas, Malquis, ni Conopas, ni los
demas motivos de fu Idolatria. Eftas dos caufas fe an de remediar con
las mifsiones, que dixe arriva, en forma de vifita, como defpues veremos;
para que por lo que tienen de mifsiones, de perfonas intelligentes y de-
feofas de aprovechar a los que tienen tanta necefsidad, fean enfeñados
muy de efpacio, y confeffados muy de propofito, como la necefsidad lo
pide; Y por lo que tienen de vifita fe les quiten las Huacas, y todas las demas cofas a ellas concernientes, por el modo que fe dira en la pratica, y
inftruccion de la vifita. Pero ni la mifsion, ni la vifita feran de provecho,
que fea de dura, y permanente, fi lo que entonces fe planta, y riega no fe
cultiva, y lleva adelante, para que lo que fe à arrancado no torne a brotar,
de las raizes, que por mas que fe haga, an de quedar muchas, como fe à
vifto.

A efte propofito dixo vn Cacique acavada la mifsion de vn pueblo,
Padres efto bueno queda aora; Pero fi yo aro, y cavo, y efcardo, y riego
mi huerta

mi huerta vna vez, y no la vieſſe, ni llegaſſe a ella deſpues en vn año que
tal quedaria. Explicó muy bien con eſta comparacion ſu concepto, y lo
que paſſa en la dotrina de los Indios, que el cuidado continuo del Cura
es lo que importa. Y aſsi ſu Señoria Illuſtiſsima à pueſto grandiſsimo
cuidado, con mandatos, y ordenes muy apretadas, de que los Curas con-
tinuen la labor, y no alcen mano de ella, mandandoles, que enſeñen la dotrina por ſus perſonas; y que hagan con particular cuidado los cateciſ-
mos, de los Miercoles y Viernes; que prediquen todos los Domingos, y
dias de fieſtas; Y que para que lo hagan con mas cuidado, y ſe vea ſi lo hazen, y como, les eſta mandado, que eſcrivan ſus ſermones, y q̃ los mueſtren al Viſitador ordinario de ſu Señoria. Y que quando uviere alguno,
que no ſepa, ni pueda hazerlo dicho; que por lo menos los Domingos, y
fieſtas, lea a los Indios vn ſermon de los impreſſos, pues deſto nadie ſe
puede excuſar, mandandoſelo debaxo de precepto, y pena de diez peſſos
enſayados, aplicados deſde luego a la Yglesia, por cada vez que lo dexare
de hazer. Y que aſsiſtan en todos los pueblos de ſus dotrinas, pro rata de
la gente que en ellos uviere, en los que menos gente menos tiempo, en
los que mas mas.

    Aſsi lo hazen con mucha gloria de nueſtro Señor, y provecho de los
Indios, y guſto ſuyo muchos Curas. Vno de los quales me eſcrivió pocos dias deſpues, que llegó a la dotrina, que le avian dado, vna carta, la
qual recebi el dia que ſe imprimia eſte capitulo, y para exemplo de los
demas, le quiero poner a la letra, y dize aſsi:

L A de V.P. leo muchas vezes, y me da animo para no desfallecer en
el camino, pues es teſtigo mi Dios, que jamas è trabajado tanto, ni
con mayor zelo, y cuidado, pues era compaſsion ver eſta dotrina, y
gẽte, indigna de eſte nombre, pues mas parecian beſtias, y ſalvages; ſaltos
de toda coſa buena; mil y mas animas de confeſsion, ſin hallarſe vna que
ſupieſſe las quatro oraciones, ſino con mil yerros, y falſedades; y algunos
viejos, que auia mas de tres años que no oyan miſſa, ni confeſſavan, ſino con ſus Huacas, y ſacerdotes. Laſtima grande! vltra de eſto tan cerre-
ra, y fugitiua eſta gente para la miſſa los Domingos, y fieſtas, y para la
dotrina los Miercoles, y Viernes, que parecia, no avian tenido Padre. A
me quebrado el coraçon, y è lo llorado con ellos muchas vezes, diziendoles, quan faltos eſtavan, quan ſin dotrina, ſin Dios, y ſin ley, encogẽ
los hombros, y dizen todos Checan, Checan ſeñor Padre (*verdad es, verdad es*) beſſandome la ropa, y pies admirados. Quatro meſes, à que todos
                                                     los

s dias dos oras a la mañana, y dos a la tarde yo por mi perfona, fin faltar
ia, hago jútar en el cimenterio todos los muchachos, y muchachas, vie-
s, y viejas, que por todos paſſan de docientos, y alli les enſeño, catequi-
o, y dotrino en los principios de nueſtra ſanta Fé, y luego en las quatro
raciones confeſsion, y articulos, y cathecifmo, que ya no ay ninguno
ue ignore eſto ; da me mil glorias, y contentos velles rezar, y cantar al-
anos canticos y coplas, que les tengo enſeñado, a mi Dios gracias infi-
tas, el por ſu ſantiſsima ſangre ſe duela de ellos, y de mi, que cierto lo è
eneſter arto, pues me falta (que confieſſo a vezes) la paciencia, quando
o de amor, y regalo, quando ya de aſpereça, y caſtigo, en diziendoles
ue los tégo de embiar a la caſa de ſanta Cruz, lo temen, ajuſtanſe, vienen
miſſa, y a la dotrina. Es eſta caſa ſu coco, caſtigo, carcel, y açote, tengo
ira mi fue la coſa mejor mas ſanta, buena, y pia, que ſe a hecho. Haſta
jui es la carta de eſte Sacerdote.

Para eſte miſmo fin ayuda tambien ſu Excellencia por ſu parte, man-
ando, que todos los pueblos, que eſtan deſmembrados de ſu reducion
n orden del govierno, los pueda quemar, y diſipar el Viſitador; para que
uelvan a ſu reducion; y aſsi ſe à hecho en muchos pueblos, y que los que
en orden del govierno eſtan divididos, ſi le parece al Viſitador que no
onviene, informen a ſu Excellencia para que ſe manden reducir. Todos
los medios executados feran eficaces, para que los Indios tengan la do-
ina, y enſeñança que an menefter. Pero lo que an de ſer de mas eficia es
que ſu Señoria tiene mandado, y ſe executa puntualmente; Que todos
s Clerigos que ſe opuſieren a dotrina, o los Religioſos, que ſe preſenta-
n a ella, fuera del examen ordinario para ver ſi ſaben la lengua predi-
uen en ella publicamente, ſeñalandoles el dia antes puntos para el ſer-
on. Y que todos los que tenian dotrinas quando ſe publicó eſte edito,
preſentaſſen delante de ſu Señoria dentro de ocho meſes, para que pre-
icaſſen en publico como los demas. Porque es coſa cierta, que el que ſa-
e, y puede predicar, predicará ſi quiſiere, y para que quiera ſe le pondran
s medios convenientes ; pero el que no ſabe, ni puede, por mas que ſe lo
anden, no predicará.

Eſte mandato de ſu Señoria, à animado mucho a los que ſaben bien la
ngua; porque ven, que podran cápear, y hazer demonſtracion de ella, y a
s que no la ſaben, para trabajar en aprendella, para que no les quiten las
otrinas ; y a los que no las tienen, y ſon buenos lenguas ſe entretienen
on eſperança, de que teniendo partes para ello, no les faltara pueſto para
npleallas. Y ſi en las opoſiciones de dotrinas, y otras ocaſiones de hon-

ra, y provecho , se sirviessen los señores Prelados , de tener memoria de
los ausentes , y mejorar , y promover a los que an acudido a sus obligaciones,en las dotrinas,que an tenido,dandoles otras de mejores temples,
menos trabajo , y mas provecho ; seria gran motivo para que todos se es-
merassen en hazer su oficio ; y como dize el Proverbio , *Addere calcaria*
sponte currenti.

Assi en esto de que prediquen los Curas , como en otras cosas para el
bien de los Indios, esta todo muy bien mandado y prevenido en las Sy-
nodales , que se hizieron aora cinco años , y no ay que pedir ni dessear
mas , que su devida execucion. Y en ellos para que los Curas sean cuidadosos,y deligentes,en confessar a sus Indios, y en catequizalles,y dispo-
nelles para que comulguen esta mandado , que despues de Pascua embien
todos los Curas los catalogos de sus dotrinas , a su Señoria Illustrissima
para que vistos los mande rubricar , y que vengan señalados con vna C,
todos los que an confessado , y con dos los que an comulgado. Y yo è
traydo algunos destos catalogos , que me davan los Curas, a su Señoria
Illustrissima. Y passando por vn pueblo vn Domingo de Cassimodo,co-
mulguè aquel dia mas de cien Indios , a quien tenia el Cura bien dispue-
sto para ello : y el dia antes , y aquella mañana se tornaron a confessar todos. Y el dia de Pascua antes avia comulgado otros tantos en otro pueblo. Este se visitò de alli a vn año,hallandome yo presente; y puedo certi-
ficar con toda verdad, q̃ de todos quantos pueblos se an visitado mayores
y menores, en ninguno se à hallado menos Idolatrias que en este; que parece que se verifica lo que diximos arriva, del Sumo Pontifice Clemente
VIII.de feliz recordacion, que *Non erunt verè Christiani donec communi-*
cent in Pascate.

Este medio tan eficaz procura el Demonio estorvar, y divertir por
muchas vias. Y assi me certificò vn Padre de santo Domingo persona de
todo credito , y avtoridad , que aviendo prevenido a los Indios de vn
pueblo , que estava a cargo de su orden , para que comulgassen el dia de
Pascua los que estavan dispuestos para ello, aquella noche levantò el Demonio tan gráde ruido, y alboroto,que parece que se hundian los cerros
de al derredor , y el Demonio se les aparecìò visiblemente diziendoles,
que se avia de hundir el pueblo,si comulgavan , y assi acudieron espantados todos donde estavan los Padres con mucho temor , por no saber la
causa del alboroto, y ruido que oyan, quietaron a los Indios, y con ama-
necer vn dia claro, y muy sereno se acabaron de desengañar.

La falta del ornato de las Yglesias mas proviene , de la falta de curio-
                                                                    sidad

idad de algunos Curas, que no de falta de plata; porque fuera de lo que
e saca de los tributos de cada año para la Ygleſia, que aunque entra en
oder del Corregidor, lo manda ſu Excellencia dar, quando ſe le informa
e la neceſsidad; y convendria que los Viſitadores llevaſſen orden para
llo; los Indios acuden con facilidad a ſemejantes gaſtos, o haziendo al-
unas chacaras para eſte efeto, o de otras maneras, ſi ay quien los aliente
ello. Y aſsi pueblo à avido donde en vna tarde juntaron los Indios mas
e rrecientos y cinquenta peſſos, para comprar pendon, y cruz de plata, y
hdas, y vna echura de vn niño Ieſus, y otras coſas neceſſarias para vna
ofradria, que ſe les avia inſtituido.

No dexarè de advertir, que conviene mucho ver que ſacriſtanes ſe po-
en, porque yo ſe donde ſe hallò vno, que ſe bevia parte del vino que le
avan para las miſſas; y porque no ſe hechaſe tan preſto de ver añadia
tro tanto de agua.

Eſtos dos medios, que ſon el vſo del ſantiſsimo Sacramento del Altar,
l ornato de las Ygleſias, y culto divino, como tan proporcionados, y ne-
eſſarios para eſta nueva Chriſtiandad, alentò grandemente el Señor
)biſpo del Cuzco don Fernando de Mendoça, cuya memoria durarà
iuchos años en eſte Reino. Porque para lo primero mandò con grande
eaccion, que todos los Curas de ſu Obiſpado inſtruyeſſen, y diſpuſieſ-
:n a todos ſus feligreſes para comulgar, por lo menos la Paſcua, y que no
:s negaſſen el viatico, quando eſtuvieſſen enfermos. Hizo hazer ſagra-
os, cuſtodias, y depoſitos en todas las Ygleſias de los pueblos, para que
quiera quando el Cura eſtuvieſſe en ellos, tuvieſſe ſiempre el ſantiſsi-
io Sacramento, haziendo algunos a ſu coſta, y ayudando con largas li-
oſnas para otros. De vn pueblo ſe yo, donde aviendo condenado a vn
ura en vna cauſa, que ſe le hizo en buena cantidad de dinero, le dixo que
juella condenacion merecian ſus culpas; pero que hizieſſe vn ſagrario,
que puſieſſe en el ſu nombre, y ſus armas, como ſi lo diera de limoſna, y
ſi lo hizo. Y porque es muy ordinario tener vn Cura cargo de quatro, y
nco pueblos, y ſolo en el que eſta preſente, es bien que eſte el ſantiſsimo
icramento para viatico, porque no murieſſen ſin el, los enfermos de los
:ros pueblos, hizo junta de hombres graves, de todas las religiones, y
:nçiendo muchas dificultades que le opponian, mandò hazer buen nu-
ero de vnos como relicarios, en que el Sacerdote, a qualquiera tiempo
ie le llamaſſen pudieſſe llevar el ſantiſsimo Sacramento, al otros pue-
os, pendiète al cuello el relicario en ſu bolſita de terciopelo, de ſu cor-
o.a de ſeda y oro muy curioſo. Parecerale eſta coſa nueua, y extraor-

dinaria a quien no fupiere algo de hiftorias Eccefiafticas, y no uviere
vifto lo que paffa en otras partes. Como yo vi en Italia, que yendo a entrar por la puerta de vn pueblo bien cercado aunque no muy grande llamado Monte Falco, donde efta aquel milagrofo cuerpo de fanta Clara,
que tomò el nombre del pueblo, falia vn Sacerdote con el fantifsimo Sacramento, q̃ le llevava fuera del pueblo a alguna cafa del campo, acompañado de mucha gente hafta la puerta del pueblo, y tomando alli la ben-
dicion del Sacerdote, fe fue el folo fu camino, con el Sacriftan, que llevava luz en vna lanterna.

Para lo fegundo que es el ornato de las Yglefias, aviendo traido de
Efpaña donde fue confagrado por Obifpo muchos, y muy buenos ornamentos, en entrando, que entrò en fu Obifpado, los fue repartiendo por
todos los pueblos por donde paffava, de fuerte que llegò al Cuzco con
folo vn ornamento, y defpues aviendole embiado de Efpaña cerca de
mil varas de damafcos, y terciopelos, para vna colgadura de fu cafa, con-
fiderando la falta de ornato de las Yglefias de los Indios, las mandò gaf-
tar todas en ornamentos, y afsi nunca tuvo en fu cafa, fino folo el dofel
para hazer cabildos. Pero las cofas defte grande Prelado no fon para de-
zillas tan de paffo, pues requieren mas larga, y mejor hiftoria. Y en efte
particular pudiera dezir mucho mas del Señor Arçobifpo de efta ciudad,
(que efta en gloria) D. Toribio Alphonfo Mogrobojo, pues le acontecía
hazer confagracion de aras, con fer tan larga, folo por confagrar vna, que
faltava en vn pueblo, y quando bolvia de la vifita, no traya nada de fu
Pontifical, que todo lo dexava de limofna, y porque en Moyobamba no
tenian Cruz para las procefsiones, les dexò la Cruz de fu guion, y oy la
tienen, y eftiman como es razon.

Muchos Curas ay, que ponen en efto muy grande cuidado, por ver el
provecho como dizen al ojo, y afsi me efcribiò efta femana vn Cura muy
cuidadofo la figuiente.

Ertifico a V.P. que fe trabaja efpiritual, y corporalmente, porque
mi defleo no es, fino que conofcan las mifericordias, que nueftro
Señor cada dia vfa có ellos, y que ablanden los coraçones, que tan
duros tienen para lo bueno, y para efto trabajo, lo que fu Mageftad fabe,
porque è de dar quenta, de cada alma, y afsi hago quanto en mi es. Hol-
garame V. P. vinieffe por efta tierra, para que vieffe el fruto de mi trabajo, y quanta devocion tienen en frequentar los divinos Sacramentos, y
todos los demas, y afsi mifmo el ornato de las Yglefias, que defpues que
aqui

aqui eſtoy è hecho animandoles a ello, y ellos acuden con muy gran voluntad con ſus limoſnas, que es mucho para Indios, porque en todos los pueblos è hecho muy ſumptuoſos Sagrarios, donde quando en los pueblos eſtoy, pongo el ſantiſsimo Sacramento, y ellos con muy gran devocion acuden a viſitallo, que me da mil contentos vellos, y quiſiera todos fueſſen ſantos, &c.

Para que ſe acabe la mala caſta de los maeſtros, y miniſtros de la Idolatria, o por lo menos no aya tantos: el vnico remedio es la recluſion de ſanta Cruz, que la temen grandemente, mas de catorze mil peſſos eſtàn gaſtados haſta oy en ella, porque el Señor Virrey Principe de Eſquilache, me cometiò el hazer la planta de ella, y dar calor a la obra. Y avra de ſer neceſſario en cada Obiſpado hazer otra, pues con buena traça no ſerà dificultoſo el ſuſtétallos, y donde no vviere caſa donde eſten recluſſos, ſe podian repartir en los conventos de Religioſos, y Hoſpitales, y en otras caſas de gente pia, donde les guarden, enſeñen, y ſuſtenten. El quedar eſtos viejos en ſus pueblos, es el mayor daño, y la principal cauſa de ſus errores. Y ya que no es poſible ſacallos todos, porque ſon muchos: con que vengan los principales de cada pueblo, los demas quedan eſcarmentados. Y es bien que quedé ſeñalados, para ſer conocidos; y que los hagan acudir ſiempre a la dotrina con los muchachos, y que ſe aſsienten con ellos en las Ygleſias porque aſsi los vengan a tener en poco el comun del pueblo. Y ſobre todo importa, que los que reincidieren ſean muy bien caſtigados. Pero por otra parte como los mas de ellos ſon muy pobres, y viejos, y que no exercitan el oficio ſino para tener que comer, ſeria conveniente que ſe les ayudaſſe con alguna limoſna, entablando entre los Indios la practica de eſta virtud, de que tan poco conocimiento, y exercicio tienen. Como vi yo hazer a vn Cura muchas vezes, que previniendolos a todos los de el pueblo para ello, ſe ponia a la puerta de la Ygleſia quando ſalian de Miſſa a pedir limoſna para los pobres, y no queria que dieſſen plata, ſino coſas en eſpecie, maiz, papas, agi, huevos, y otras coſas a eſte modo, de que ſe hazia muy buen monton, que luego ſe repartia entre los pobres, y el Cura de ſu parte comprava media anega de maiz, o de papas, o vn carnero, y noſotros de la nueſtra otro tanto: y no es creible el bien que ſe podia hazer, ſi eſto ſe entablaſſe, que no ſeria muy dificultoſo. A todos quátos Curas ſe lo è advertido, lo an pueſto en pratica con grandiſsimo conſuelo ſuyo, y no menor guſto, y provecho de los Indios.

Que lo de menos es el ſuſtento corporal; ſino que fuera de que ſe les quita gráde parte de la ocaſion de idolatrias, y ſuperſticiones, van aprendiendo

I 3

diendo vnos dando, y otros recibiendo, la piedad, y misericordia Christiana. Con esto se les grangean grandemente las voluntades, para que re-
ciban mejor lo que se les dixere, y enseñare. Y assi acostumbramos en todos los pueblos visitar cada dia los enfermos, y llevalles algunas pasas, o
vn poco de pan, o cosa semejante: que bien poco, que se les de lo agrede-
cen mucho. Cosa ordinaria es, quando entramos de nuevo en vn pueblo
huyr de nosotros los muchachos, y con media dozena de higos, o vn pu-
ño de pasas que se les da vn dia; no ay quien despues los aparte de nosotros, y tras ellos vienen sus madres, y padres.

Muchos de los Hechizeros son Ambicamayos, como ellos llaman, o
curanderos, pero con muchas supersticiones, y Idolatrias, que preceden a
las curas; y se procura que los Curas tengan examinados, y bien instruidos a los que an de curar, para que quitado lo que es supersticioso, y malo, se aprovechen de lo que es bueno: como es el conocimiento, y vso de
algunas yerbas, y de otros simples, de que suelen vsar en sus enfermedades.

Para que los Curacas, y Caciques sean buenos (que el no sello diximos
que era grande causa de la Idolatria) el vnico remedio es el que el Señor
Virrey Principe de Esquilache pone, tomandole desde sus principios;
y es criando bien sus hijos, y que desde muchachos aprendan la policia,
y Religion Christiana. Sus padres estiman la merced que en esto se les
haze. Y vn Cacique despues de aver embiado sus hijos mayores al Collegio, me dixo, que queria embiar otros dos, que le quedavan, y que el pa-
garia el sustento, de los que su Excellencia no sustentasse, que le avissase,
que tanto embiaria para cada año?

Otro Collegio esta mandado fundar en el Cuzco, y otro en la Ciudad
de los Charcas, que son los tres principales puestos de todo este Reyno,
por orden de su Magestad. No tienen numero limitado, sino que vengan
a ellos todos los hijos de los Caciques, y Segundas personas, que llaman
de todos los pueblos. Danles todo lo que an menester de comida, y vestido. Estan a cargo de los Padres de nuestra Compañia, por ser propria
de su instituto la educacion, y criança de la Iuventud. Para los Collegios del Cuzco, y Charca estan despachadas Provisiones, del de esta ciudad se dira despues.

En el entre tanto que se goça el fruto de estos Collegios, que passa-
ran algunos años, importa mucho en estas missiones, y visitas, ganar a los
Caciques, acariciandoles, y honrandoles, no pidiendoles nada, ni tomando nada dellos (aunque algunos presentillos de cosas de comer, se corren
                                                                    mucho

mucho fi no los toman) y dandoles de las cofas que llevamos de devocion. Porq̃ ganada la puerta de los Curacas, no ay dificultad en defcubrir
todas las Huacas, y Idolatria. Y afsi es neceffario valerfe mucho de ellos
para efte efeto: y por otra parte a los que fueré tercos, y rebeldes, como lo
fon algunos; lo q̃ cóviene es, como dizẽ, arrimalles toda la ley, y executar
en ellos lo que efta mandado por el feñor Arçobifpo en fu edito de 30. de
Agofto del año paffado, y por fu Excellencia en fu provifsion en diez de
Setiembre del mifmo año. Que en fuma es q̃ los Curacas, y Caciques, que
dentro de dos dias que fe leyere el edito, no defcubrieren, y manifefta-
rén las Idolatrias de fu pueblo, q̃ fi ellos fon los maeftros de ellas, feá privados de fus oficios, y açotados, y trafquilados, y traidos a la cafa de fanta
Cruz; y fi fueren complices en ellas, fean privados del Cacicazgo, y reducidos a mita, açotados, y trafquilados; y que fi uviere en fus pueblos, Ido
latrias, fieftas fuperiticiofas, taquies, y borracheras comunes, y dixeren
que ellos no faben que las aya (porque es moralmente impofsible que
aviendolas lo dexen de faber los Curacas y Caciques) que fean privados
de fus oficios y reducidos a mita. Eftas provifsiones fe les leen, v fe les
explican al principio de la vifita; y fi fe executaffen como en ellas fe contiene, baftaria efte medio para defterrar toda la Idolatria de efte Reino.
 Para defterrar y quitar las borracheras, raiz muy antigua de la Idolatria, tienen fu Excellencia, y fu Señoria Illuftrifsima, cada vno por la parte que le toca, puefto baftantes remedios; mandando a los Curas, que no
vendan vino entre los Indios, fo pena de excomunion, y de veinte peffos
enfayados; y a los Corregidores fo pena de perdimiento de lo que ven-
dieren, y de otro tanto mas. Y en conformidad de las ordenanças de Don
Francifco de Toledo manda fu Excellencia, que al Indio que fe embor-
rachare, fi fuere Cacique principal fe le amonefte, y aperciba que no lo
haga otra vez, y la fegunda vez fea defterrado por dos mefes; y por la tercera quede inhabil para fer Cacique, ni tener oficio publico; y por la quar
ta falga defterrado del repartimiento por feys mefes, y pierda el falario
que tiene con el oficio. Y fi perfevera en fu vicio de emborracharfe fea
defterrado perpetuamente, y fu Excellencia dè fu oficio a otro. Y fi fuera Indio comun, la primera vez le aperciban, la fegunda le den veinte
açotes, y que diga el pregon porque fe emborrachò fegunda vez, y a la
tercera le trafquilen, y a la quarta le deftierren, y fe executen en el las demas penas que alli ponen. Todo ello efta muy bien mandado, y acorda-
do, y fi fe executaffe, en poco tiempo no avria borracheras entre los Indios, pero quien lo executarà?

Y en

Y en esta del dissimular con los Indios, o castigallos es vna cosa digna de advertencia, y remedio: y es que es comun dicho, y sentimiento de los Curas, que no se atreven a yrles a la mano a los Indios, y les dexan hazer lo que quieren, porque muy facilmente se conjuran quatro, o cinco para levantar falsos testimonios, y poner capitulos a los Curas, y muchas vezes se me à ofrecido, que seria menos inconveniente que algunas cosas se quedassen sin castigo, o se remediassen por otra via, que no admitir por testigos contra los Curas a los Indios, que no reparan nada en jurar falso, y convencidos deste delito, devrian ser severamente castigados.

En las mismas provissiones de su Excellécia, y de su Señoria Illustrissima esta tambien señalado el castigo, que se à de dar a los que reincidieren en Idolatrias; y el dia, que uviere castigo, avra emienda. Por esta primera vez a nadie se castiga, y a todos se les perdona; y porque les absuelven en la visita solemnemente, a la puerta de la Yglesia, cobran grande concepto de aquella ceremonia exterior. Dixome vn Español que encontrando vnos Indios en vn camino, que ivan muy apriesa, les preguntò que donde ivan, y que ellos respondieron, vamos a que nos hagan buenos Christianos, dandonos con las varas a la puerta de la Yglesia; explicando por estos terminos el concepto, que tenian, de la absolucion solemne.

Importara mucho para este mismo intento, como lo tiene mandado su Señoria Illustrissima, que los Visitadores ordinarios, despues de aver leido el edito ordinario de su visita, lean el edito que se suele leer en las visitas de la Idolatria, y las provisiones de su Excellencia, y editos del Señor Arçobispo, contra ellos, y contra las borracheras, en los pueblos que estan ya visitados, y que inquieran con cuidado, si ay reincidencias y les castigué. Y entre otros provechos que se seguiran de que los Indios entienden que les an de visitar todos los años, sera vno, y no pequeño, que se persuadan que no va el Visitador para solos los Curas, y no tendran el abilantez, que suelen tener de poner capitulos al Cura con razon, o sin ella. Pero convendria mucho, que los Visitadores supiessen la lengua, y que lo hiziessen de veras.

Pero el primero, y mas proximo, y mas eficaz remedio, y que à de ser executor de todos los demas, es esta primera visita que diximos, cuya practica conforme se à experimendo pondrè en los capitulos siguientes.

* *
*

Quien y qual à de ser el Visitador para la extirpacion de la Idolatria.

CAPITVLO XII.

EN la junta que hizo el Señor Virrey Principe de Esquilache, como se dixo al principio, de algunos Señores de la Real Audiencia, y del Cabildo Ecclesiastico, y de Religiosos graves, y experimentados en esta materia, los puntos que se resolvieron principales, demas de otras cosas particulares, fueron. El hazerse la casa de reclusion de los Hechizeros en el pueblo del Cercado, que esta extra muros de esta Ciudad. Mandaronme hazer la planta de ella, porque se hizo a fundamentis, y de proposito, y que diesse calor al edificio, y assi antes que saliesse a la mission, quedava en buen parage. Y luego que estuvo la casa en disposicion para ello, aun antes que se acabase, se fueron embiando de los pueblos, que se ivan visitando, los mas culpados de los Hechizeros.

Lo segundo que se determinò en aquella consulta, fue que se diesse principio al Collegio de los Caciques, y assi se acomodò para este fin nuestra casa; en el mismo Cercado, donde estuvo antes el Noviciado. Y aviendo el Señor Virrey escrito cartas a los Caciques para el dia de Año nuevo, se juntaron de diversas Provincias catorze hijos de Caciques; mandò su Excellencia dalles de vestir camiseta, y calçon verde, y manta listada de colorado, que à de ser el habito de los Collegiales, y lo demas necessario de çapatos medias, y sombrero, y viniédo su Excellencia con toda la Ciudad, el dia de Año nuevo a nuestra casa a Missa, antes de començar, les puso su Excellencia por su mano, a cada vno de por si, vna banda de tafetan carmesi, atravesada del hombro derecho, hasta do baxo del braço izquierdo, con vn escudo pequeño de plata, con las armas Reales, que viene a caer en el pecho. El provecho de estos dos medios, que an de ser continuos, y perpetuos, no se puede hechar de ver tan presto, como se hechò de ver el del tercero, que fue embiar Visitadores, quales eran convenientes para el fin que se pretendia, q era descubrir este daño que tà solapado, y encubierto estava, que a penas se hechava de ver, pues a vista de todos hazian sus cerimonias, y sacrificios gentilicos, y no se tenian por tales. Y para desengañar los q estavan tan engañados, y enfe-

K ñar los

ñar los que, o poco, o nada avian fido enfeñados, dando vn perdon general, vfando con todos de mifericordia, procediendo con algun poco de
rigor de Iufticia contra los tercos, y rebeldes. Para efto fe efcogieron
Vifitadores, que fueffen experimentados en las cofas de los Indios, fupieffen bien fu lengua, tuvieffen talento, y eficacia en el pulpito, hombres
dotos, y Theologos, que fupieffen bien dar a entender, y enfeñar a gente
tan ignorante, los mifterios de nueftra fanta Fè, y deshazer y refutar los
errores, tan connaturalizados a fu capacidad, y en que tan fin contradicion de nadie, an nacido, y vivido hafta aora.

Ante todas cofas dando como fe deve dar, la congrua fuftentacion a
los Vifitadores, deven procurar, como lo hazen, dar a entender en dichos
y en hechos, que no bufcan ny pretenden en efta vifita, fino la gloria de
Dios nueftro Señor, y el bien de las almas, *& quærunt, non quæ fua funt, fed
quæ Iefu Chrifti.* Entendiendo, a la letra, lo que fe dixo en otro fentido, *da
mihi animas, cætera tolle tibi.* No firviendofe de los Indios en cofa, que
huela a interes, aunque parezca que ellos lo hazen con mucho gufto, ni
tomando de ellos cofa alguna, aunque lo oftezcan liberalmente. Lo mifmo an de procurar, que hagan los oficiales, y criados que llevaren, no
confintiendo, que ni en poco, ni en mucho fean cargofos a los Indios, ni
les agravien en cofa alguna, y caftigando exemplarmente, quando halla-
ren que fe â hecho. Y afsi parecia muy bien lo, que a efte fin hazia vn Vifitador, que en llegando al pueblo, mandava dar vn pregon, que ningun
Indio dieffe cofa alguna a ninguno de fus criados, hora fe lo pidieffen,
hora no, y caftigava al que hallava aver faltado en efto.

Para fer como digo, menos cargofo, y mas provechofo a los Indios à
de llevar el Vifitador, aunque los caminos fean tan trabajos, y peligrofos,
como vemos, el menor aparato, y los menos criados que fer pudiere. No
excufa vn Notario, que le â menefter para muchas cofas, aunque lo mas
efcrive el mifmo Vifitador de fu mano, ni menos vn Fifcal que es neceffario para todo, y conviene que no fea Indio, porque fe an experimentado muchos inconvenientes, y yo è vifto algunos muy graves, fino que
fea perfona diligente, y de mucha confiança.

No confentirà que fe alleguen, ni peguen con achaque de vrbanidad,
ni cortefia, y que vienen a acompañar a los Religiofos, ni al Vifitador algunos Efpañoles, que nunca faltan entre los Indios. Y lo que es el todo,
en efte negocio tan importante, y fin lo qual no fe à de hazer nada, no
conviene que el Vifitador vaya fin Religiofos, que catequizen, prediquen, y confieffen a los Indios. Porque como efta vifita es mas de coraçones,

ónes,que de cuerpos, y mas de induſtria, que de fuerça , y mas de miſe-
icordia,que de Iuſticia,ſe à de cercenar,quanto ſer pudiere del aparato,
eſtrepito judicial , y añadirſe de dotrina, ſermones, y confeſsiones.De
ſuerte que aſsi el Viſitador como los Padres,que van con el; mueſtren lo
que en efeto deven ſer Padres,y Maeſtros,y no Fiſcales, ni Iuezes.

Algunos Padres de nueſtra Compañia , an dudado en el modo de viſi-
a,que ſe à tenido,y praticado haſta aqui,y hallan incoavenientes en que
os Padres vayan con los viſitadores de qualquier modo que ſea. Porque
lizen que los Indios,como ſon tan timidos, y puſillanimes,nos temeran
omo temen al Viſitador, y ſe retraheran de confeſſarſe con noſotros, o
ſe confeſſaran mal , y que ſeria mejor que el Viſitador fueſſe de por ſi ha-
ſiendo ſu oficio , y deſcubriendo , y ſacando ſus Huacas ; y deſpues los
Religioſos entraſſen haziendo el ſuyo, ſin depender el Viſitador de los
Padres ni los Padres del Viſitador.

Baſtante reſpueſta de eſta duda puede ſer la experiencia , pues todo ſe
experimentado, y an llegado Padres alguna vez a pueblos de Indios,ſin
Viſitador, y no an ſido baſtantes para juntar la gente a ſermon , vn dia,
quanto mas muchos, que ſon meneſter para enſeñallos de eſpacio , y me-
ios para hazelles confeſſar tan de propoſito , como la neceſsidad lo pide
ſta primera vez. Aunque es verdad, que viſitado vna vez el pueblo, que-
lan los Indios tan afetos , y guſtoſos del bien,que recibieron en la viſita,
que quando buelven a ſus pueblos,reciben a los Padres con extraordina-
ias mueſtras de alegria, y quando ſe an de yr los deſpiden con no meno-
es de pena,y ſentimiento. A pueblo llegamos ſeys Padres juntos que nos
iviamos juntado a la buelta de la viſita , y no nos dexaron paſſar en dos
lias los Indios , ocupandonos deſde la mañana haſta la noche en confeſ-
arſe por ſu devocion en vna fieſta entre año; los que antes en tiempo de
Quareſma que era de obligacion,lo hazian con no pequeña dificultad.

Pues ſacalles los Padres a fuerça de predicacion,y dotrina las Huacas,
bien puede ſer, pero pocas vezes à ſido , y muchas ſe an hecho miſsiones,
y aſsi como es bien que a los pueblos ya viſitados donde ſe entiende que
no ay Huacas,vayan los Padres ſin Viſitadores , a los que no lo eſtan pa-
a ſacalles las Huacas,no es bien, que vayan ſin ellos.

Los Viſitadores por otra parte , de ninguna manera quieren yr ſin los
Padres ; porque fuera de que para ellos es de mayor autoridad para con
Indios,y Eſpañoles la aſsiſtencia de los Padres;los an meneſter para con-
ſejo, y direccion de muchas coſas, en que ſe hallan muy perplexos, y du-
doſos;y con ſu preſencia ſe defieden de muchas calumnias,que les ſuelen

poner. Y de todo pudiera traer algunos exemplos. Y para el intéto de las
visitas, que es descubrir sus Idolatrias, y quitalles sus Huacas, la mayor
ayuda es la de los Padres; que ellos hablan a los Indios muchas vezes, y
les quitan los temores, y les mueven con sus sermones; y los Indios acuden a ellos como a Padres, que les quieren bien, y hazen oficio de inter-
cessores con el Visitador; y de el Visitador para con los Indios. Y el principal intento, que es enseñalles (aunque muchas vezes predica el Visitador) toca a los Padres con la continuacion de sermones, y catecismos ordinarios. Y lo que es cófessalles es solo de los Padres; y a los Indios se les
da a entéder la diferencia, que ay de la confession al examen que les à hecho antes el Visitador, y no se à experimentado (_quantum humana fragili-
tas nosse potest._) ni rebeldia, ni dificultad, ni doblez en confessarse; Antes
algunas cosas, que avian encubierto en el examen al Visitador tocantes a
las Huacas, las descubren en las confessiones.

Assi que ni los Padres solos por si, ni el Visitador solo, segun à enseñado la experiencia, conseguiran el intento que se pretende, de que los Indios descubran, y den sus Huacas, Malquis, y Conopas, y las demas cosas
semejantes, de que queden desengañados de sus errores, instruidos en los
misterios de nuestra Fè, y absueltos de los pecados en que an estado toda
la vida, por medio de la confession, que es lo principal; sino es concur-
riendo como dos causas parciales aun mismo efeto.

_Lo que an de hazer en llegando al pueblo el Visitador,
y los Padres, y la distribucion del tiempo,
y Sermones._

CAPITVLO XIII.

A primera jornada es la mas dificultosa, y trabajosa, y todos los principios lo son, y en esta empressa donde se co-
mençare de nuevo, lo an de ser mucho mas, y assi es necessario yr muy armados de paciencia, y oracion.

Donde no esta començada la visita, no se comiença por
pueblos grandes, ni cerca de los principales, y cabeça de la Provincia, sino por lo mas remoto, y apartado, y por algun pueblo pequeño; y si puede ser cerca de lo que ya esta visitado; y si por esta via, o por otra se lle-
vasse.

vaſſe algun roſtro de la Idolatria, que ay en aquel pueblo, avria mucho
andado. Y porque quede de vna vez dicho. Prevengaſſe con tiempo al
Cura, y Caciques del pueblo donde an de yr, de el dia que à de llegar,
para que eſte toda la gente junta, para recebir al Viſitador como ſe dixo
arriba; y en recibiendole en la Ygleſia, vn Padre les haga vna platica breve, quitandoles el miedo, y diziendoles el intento de la viſita; que no es a
caſtigalles, ſino a enſeñalles, &c. Aqui les dira como todos los dias ſe an
de juntar muy de mañana a ſermon, y a la tarde a pueſta de Sol, que ſe to-
cara la campana al cateciſmo, y que no falta nadie, porque ſe an de llamar
por padron.

Eſpecialmente es meneſter prevenir para eſto, a los Camachicos de los
Ayllos, y a los Alcaldes, y Fiſcales, para que ellos junten la gente y hazelles cabeça del juego, porq̃ ganados eſtos, los demas no tienen dificultad.

Luego ſe pregunta, por los enfermos del pueblo, y algun Padre los viſita, y les lleva alguna coſilla, que va prevenida para eſte efecto; y aũ quando ſe va camino, parece muy bien llevar a mano algunos pedaços de pan,
o coſa ſemejante, que dar a los Indios, que ſe encuentran.

La diſtribucion de cada dia es eſta; que en ſaliendo al Sol, o antes, ſe
dizen las Miſſas; y mientras que ſe dize la primera, o ſegunda ſe toca la
campana para que ſe junte la gente, que vienen a oyr la ſegunda, o tercera Miſſa; y es bien que la oyan ſiempre, pues en ella les encomiendan a
nueſtro Señor, para que alumbre, y ablande ſus coraçones. Acabada la
Miſſa les dize vn Padre la dotrina, y luego ay ſermon, el qual no à de durar mas que media hora, y a lo mas largo tres quartos, de ſuerte que a las
ocho, ya eſte acabada, Miſſa, dotrina, y ſermon.

Quando el temple, y el tiempo dan lugar para ello, ſe junta aun mas
facilmente la gente ſaliendo con vn pendon en proceſsion, con la campa-
nilla, cantando la dotrina con los quatro, o cinco primeros que vinieron,
que aun no ſe an cantado las quatro oraciones, quando ya va todo el pueblo junto.

Deſpues del ſermon ſe quedan los que an de ſer taripados, o examinados del Viſitador como deſpues ſe dira, o de los Padres en la dotrina; y
eſto los primeros dias, y deſpues los que an de confeſſarſe; y dura el enſe-
ñar la dotrina, o el confeſſar haſta medio dia, que es hora de comer. Como a las dos y media ſe torne a tocar la campana, y vienen no todos, ſino
el Ayllo, que ſe aviſa, que venga a tariparſe, catequizarſe, o confeſſarſe, y
dura eſte exercicio haſta pueſto el Sol. Como media hora antes que ſe
ponga ſe toca la campana, y los principales, y Alcades tienen cuidado de

K 3   juntalles,

juntalles, para que vengan todos al catecifmo, que fe les va enfeñando de
prop ofito por fus partes.

El Domingo fe dize la Mifla mas tarde, porque fuelen concurrir de
otro pueblos, y el catecifmo fe haze a la tarde, repartiendoles por premios rofarios, y imagines, de que conviene yr bien prevenidos. Defpues
fuele aver procefsion, y fe les cantan algunos cantares en la lengua afsi en
efta ocafion como en otras, de que guftan extraordinariamente los Indios, y los cantan y repiten ellos, y afsi por efto como por fer a propofito de lo que an menefter faber, fe les dexa copia de ellos impreffos, los
fermones como an de fer en orden a enfeñalles de propofito es neceffario
que fean tales, y que algun hombre docto, y buen lengua los hizieffe, y fe
imprimieffen, como efpero en nueftro Señor, que fe hara, para ayuda, y
provecho de todos.

Los fermones an de fer proporcionados a fu capacidad, arguyendoles,
y convenciendoles mas con razones naturales, que ellos entiendan, que
con pafos delicados de la efcritura. Como yo vi, que lo hazia excellentemente vno de los Vifitadores, que para refutalles el error, que tienen de
las Pacarinas, de que procedieron vnos de tal cerro, otros de tal fuente
les enfeñava por mil razones palmarias. Que cada femejante produce fu
femejante. Para refutalles otro error. De que no proceden todos los
hombres de nueftros primeros Padres facava en el catecifmo vna mazorca de maiz, y preguntandoles de quantos granos avia nacido aquella mazorca, y refpondiendo, que de vno. Pues como fiendo effe blanco, o negro, o colorado, o no teniendo mas que vna color, falen en efta mazorca
vnos granos blancos, otros negros, otros pardos? Para refutalles, que no
adoraffen el Rayo les enfeñava, de modo que lo entendieffen como fe fraguan los rayos, y fe congelan las nubes, &c. Para que el Sol no podia fer
Dios, dizen que fe convencio vno de los Ingas, con fola efta razon, que
no parava quando, ni como queria. No es creible el gufto, que reciben
en entender eftas cofas. Que bien fe ve quan natural es al hombre el entender y faber. A efte modo an de fer los fermones.

El primero, à de fer fiempre de como no ay, ni puede aver mas que vn
Dios, que las Huacas no lo fon, ni lo pueden fer.

El fegundo, como efte Dios es Criador de todas las cofas, y como crio
el mundo, y los Angeles, y de fu cayda, y como los Demonios por hazer
mal a los hombres, y vengarfe de Dios, inventaron las Huacas, y las demas fuperfticiones.

El tercero, de la creacion de nueftros primeros Padres, y como todos,
procedemos

procedemos de ellos ; para confutarlos errores, que tienen de que cada Ayllo tiene su origen , y Pacarina.

El quarto, de como engañó el Demonio a nueſtros primeros Padres, y del pecado original ; y como del proceden todos los pecados , y errores que ay en el mundo.

El quinto , la venida de Chriſto nueſtro Señor , para remediar a los hombres , ſacandoles del pecado y enſeñandoles el camino del Cielo ; y como embió los Apoſtoles a predicar, y fundó ſu Ygleſia.

El ſexto , que la ley que le dexó a ſu Ygleſia , que guardaſſe , ſon ſus mandamientos, y tratalles tambien de los cinco de la Ygleſia.

El ſeptimo, que para remedio de los pecados les dexó los ſacramentos, y tratalles eſpecialmente de la penitencia , y de ſus partes, y requiſitos muy de propoſito ; eſte ſermon es ſiempre quando ſe an de començar a confeſſar. Enſeñandoles , que los Hechizeros con quien ſe confieſſan no tienen poder para perdonar pecados.

El octavo, de la interceſsion de los Santos , y adoracion de las imagines , porque ellos dizen que ſon nueſtras Huacas, y tienen acerca de eſto, algunas vezes , como en otras coſas, muchas ignorancias. Como ſucedió en vn pueblo, donde avia quatro imagines de Santos, y muy buenas de la vocacion de quatro Cofradrias , y ſe averiguó , que algunos no ſe encomendavan a aquellos Santos , ni les hazian oracion, porque dezian , que aquellos Santos, ya eran ſuyos, y ellos los avian comprado , y aſsi ivan a otro pueblo a viſitar otros Santos, por la razones contrarias.

El noveno, de como ſe an de encomendar a Dios nueſtro Señor, y a la ſantiſsima Virgen , y en particular ſe les enſeña como an de rezar el roſario. Y que rezen al Angel de la guarda, quando ſe acueſtan, y ſe levantan , &c.

El decimo , y viene a ſer quando ſe haze la fieſta de la Cruz , de ſus virtudes , y lo que le tema el Demonio; y del agua bendita, y que ſe aprovechen de ella en ſus enfermedades, y trabajos.

El vndecimo, de la miſſa, y del ſantiſsimo Sacramento del altar, y como ſe an de diſponer para recebille.

El duodecimo, del Iuicio, y Pena, y Gloria eterna.

Todas eſtas materias ſe les tratan tambien en los catecimos, preguntandoles, y pidiendoles quenta, y procurando que hagan concepto de lo que ſe les enſeña.

Quando en vn pueblo ſe à de eſtar mas tiempo , porque el pueblo es grande , o la neceſsidad lo pide ; ſe dilatan mas eſtas materias , y quando fe à de eſtar menos por la razon contraria, dos otros ſermones ſe recojen en vno.

Los Miercoles, y Viernes ay diſciplina, y ſe lievan, y preſtan para eſte fin, o ſe dize que las hagan, y traigan, que como ſe diſciplinan en las eſpaldas qualesquiera baſtan, Eſtos dias quando ſe acaba el catecismo a boca de noche ſe les cuenta vn exemplo, y yendoſe todas las mugeres a ſus caſas, ſe quedan los hombres a tomar diſciplina, y ſe les canta, o dize el Miſerere, interrumpiendole con algunos aĉtos de contricion.

Exortaseles en los catecismos, a que todos tengan imagines de Santos, traigan los roſarios, y ſe les reparten muchos por premio de ſaber la dotrina; y ſe les enſeña à que los hagan de la Chaquira grueſſa, que ſuelen traer por ojnato al cuello las mugeres; o a que los hagan de cordeles, y ñudos como quipos, aunque los mas los embian luego a comprar donde los hallan. Y me dezia vn Eſpañol, que no avia el meneſter mejor grangeria, que yrſe tras los Padres vendiendo roſarios entre los Indios. Que en muchos pueblos quando llegamos ſon pocos los que tienen roſario, y quando ſalimos ſuelen ſer menos los que no le tienen, y para que mejor aprenden a rezar el roſario, los rezamos con ellos algunas vezes en voz alta.

No ſolo ſe les enſeña a todos en comun el catecismo y dotrina, ſino que todos los dias primeros al tiempo que diximos, que es en los dias, que tarda el Viſitador en averiguar, y ſacar las Huacas, juntando algun numero de ellos ſe examina cada vno en particular, oyendo los demas para que aprendan, ſi ſaben por lo menos el Padre nueſtro, y Credo, y las preguntas eſſenciales del catecismo; començando por los ſolteros, y ſolteras de menor edad, que ſon de ordinario los que ſaben mas, para encargalles, que enſeñen en ſus caſas a ſus padres. Para eſte examen nos ayudamos de los Fiſcales, y Indios ciegos, y de otros que ſepan bien la dotrina; y en eſta vitima miſsion anduvo con noſotros, por todos los pueblos el coxo, que anda hora con el Licenciado Rodrigo Hernádez, de quien dixe arriba, que ſabia muy bien la dotrina por averla aprendido en nueſtra caſa. A los examinados, y aprovados ſe les dava vn papelillo, que dezia puede confeſſarſe; deſpues pareciò que era mejor, y mas de dura vna ſeñal pequeña de plata, como argenteria grueſſa; muchas de las quales ſe hallaron en el ornato de vna Huaca; y para eſte eféto pueden tambien ſervir algunas quentas de chaquira de color, y forma particular, que no tenganlos Indios, porque no engañen al Confeſſor.

Las confeſiones ſe an de començar deſpues, que el Viſitador uviere   inquirido

quirido las Huacas, y Idolatrias de los particulares, y abfueltoles fo-
lemnemente de la defcomunion; Y fe comiença por folteros, y folteras,
aunque lo mas ordinario, y mas proprio es defpues que an exhibido fus
Huacas, y Conopas, y los demas inftrumentos de fus Idolatrias.

Quando fe và a confeffar dan al Confeffor, la feñal de q̃ faben la dotrina, y ninguno fe viene a confeffar fin ella, y les dan otra diferente en con-
feffandofe, para que los efcrivan en el padron por confeffados. Aunque
lo mas feguro es, que cada confeffor efcriva los que confieffa, que en efto
no puede aver engaño, y con las feñales folas nos an engañado algunas
vezes Es neceffario confeffalles a todos generalmente, examinandoles, y
preguntandoles muy de propofito; no contentandoffe con lo poco que
ellos difcurren, y mucho menos los viejos, que fon muy faltos de memoria. Quando fe les trata de la confefsion fe les à de dezir, que hagan fus
quipos para confeffarfe, que muchos fe confieffan muy bien por ellos. En
vn fermon, o catecifmo fe les à de dar a entender el Iubileo, que nos à
concedido la fantidad de Paulo V. para todos los pueblos donde llegamos a mifsion, para que ellos tengan intencion de ganalle, explicando-
les por los modos, y terminos mas a propofito a fu capacidad, que es Iubileo, y Indulgencia plenaria, que el ganalle fera grande ayuda. Porque es
conveniente dalles poca penitencia, y para que la cumplan luego, alguna.
Pareciò me bien lo que hazian vnos Padres, que davan fu proprio Rofario al penitente; que eftuvieffe de rodillas rezado con el todo el tiempo,
que fe eftava confeffando el figuiente, y afsi andava el Rofario de vno en
otro.

Como fe à de començar la vifita.

CAPITVLO XIV.

EL dia figuiente de defpues de llegados al pueblo, fe à de re-
quirir toda la gente por el padron; fi no es que efto fe aya hecho el dia antes. Y ver fi los que faltan pueden facilmente
venir.

Iunta toda la gente fe les dize Miffa, o cantada, o rezada, y al tiempo
del fermon fe les lee el edito, que va al fin de efta inftrucion, y fe les da a
entender, y explica en la lengua; y defpues fe les predica el primer fermon
exhortandoles en efte, y en todos los demas a que manifieftan fus Hua-

L. cas, y

cas, y Idolatrias, y no teman, el defcubrillas al Vifitador.

El fegundo dia fe leeran las provifsiones de fu Excellencia, y de fu Señoria Illuftrifsima, que fe imprimieron el año paffado, contra la Idolatrias, y borracheras, y fe les explicaran; efpecialmente el punto, en que perdona a los que denunciaren, y pone penas, a los que lo contrario hizieren.

Ha fe de prefuponer como cofa cierta, que no à de tener tiempo limitado la vifita de cada pueblo, fino lo que la necefsidad pidiere, y no porque en llegando no hallen nada fe an de paffar de largo, que fera perder el fruto que fe efperava. Porque à acontecido a los principios de la vifita en diverfas partes en algunos dias, y no pocos, no defcubrir nada; y defpues con la diligencia, y induftria que fe pone, y con los continuos fermones, y catecifmos, y con la paciencia, y fufrimiento que fe à tenido, y oracion que por ello fe à hecho; mover nueftro Señor las voluntades de los Indios para que fe manifeftaffen. Y afsi es de mucho efeto los dias que dura la vifita eftando el pueblo junto, defpues de Miffa dezir la Letania, por efta intencion. Y todo el punto efta en tener entrada, y que fe tenga noticia de alguna Huaca de algun pueblo, y de los Hechizeros, que la guardan, que eftos daran noticia de los pueblos comarcanos, y fe defcubriran defpues fin dificultad; que al principio es, quando la ay mayor, y fe à de vencer por eftos medios, y por otros que la experiencia enfeñará.

El primero es ganar algun Indio de razon, y a efte con grande fecreto ofreciendoles grandes premios, y que no lo fabra perfona viviente, perfuadirle, a que diga la Huaca principal de fu pueblo, y el Hechizero que la guarda, o lo mas que fupiere a cerca de efto, y la primera vez contentarfe, y agradecelle, y aun pagalle lo poco que dixere.

Segundo llamar en cafa del Vifitador, a algun Indio viejo, que parezca de buena capacidad, y teniédole en parte, que no le hable perfona ninguna fino folo el Vifitador, y los Padres, le procuraran regalar, y acariciar; y le diran, como no le vienen a caftigar a el, ni a los Indios, fino a hacelles buenos Chriftianos, y a facalles de la ceguedad en que el Demonio les tiene; y que todo fu remedio efta, en que fe manifiefte, y diga las Huacas de fu pueblo, y que no tenga miedo, &c. Si dixere que no fabe nada, dezille, que pienfe bien, y no hazelle por la primera vez mas inftancia; fino acarecialle; y dalle bien de comer, y bolver al cabo de algunas horas; o otro dia à exortalle con mas inftancia, y fi dixere, que no fabe, fe le dira, que el demonio le endurece el coraçon, para que no confieffe fu pecado, y vaya al Cielo, &c. Y fe le convencerá con efta razon, que no tiene repuefta.

puefta. En.tiépo del Inca, todos los Indios adoravan Huacas, porque no conocian otro Dios, y dezian que la Huaca era el criador,y que adorandola, tendrian maiz, y ganados , y vivirian mucho. Y eftas Huacas , vnas fon cerros, y cumbres altas, que no las puede aver confumido el tiempo. Y fupuefto. que el pudo conocer al Inca , o nació poco defpues que los Efpañoles vinieron; es fuerça que fepa la Huaca,que adoró fu Padre, y la que le dexò quando murió , pues hafta a hora ninguna Iufticia feglar,ni, Ecclefiaftica les à facado las Huacas , que tenian en tiempo del Inca: y afsi à de dar quenta de ella , o le an de caftigar como mandan los Principes,fi la encubre;de efta manera le haran inftancia algunas vezes,preguntandole,y repreguntandole, y arguyendole de lo que dixere,hablandole ya el Vifitador , que es el que mas inftancia , le à de hazer, ya fu Cura;ya los Padres.

El tercero,llamar al Cacique del pueblo en fecreto,que no lo vean nadie,y muy a deshora; y dezirle que fino manifiefta las Huacas , y Hechizeros de fu pueblo,que le an de defterrar, y privar del oficio;y tornalle a intimar las provifiones fobredichas. Y para convencelle proponelle la razon del fegundo medio que es fuerte.

Quarto,preguntar al Cacique, o a otro Indio de razon, qual es fu Pacarina,de adonde ellos dize, que defcienden;porque es cofa común adorar los los Indios fus Pacarinas,y preguntalles en buena converfacion, y amiftad otras antiguedades,como adonde dezian fus viejos , que ivan las las almas antes, que los Efpañoles les dieffen noticia del Cielo , y del Infierno. Y es cofa certifsima , que el Cacique fabe todas las Huacas, y fus fabulas,y antiguedades. A bueltas defto fe les à de preguntar de las Huacas de los otros pueblos comarcanos, para llevar alguna noticia dellas , y de fus facerdotes,y miniftros,lo qual importa mucho.

Quinto,preguntar quién fabe curar en el pueblo, que lo à menefter; y en trayendole llamalle a parte en achaque de cura,y examinalle à muy en fecreto,como efta dicho;porque es muy ordinario, que todos los curanderos fon miniftros de Idolatria.

Adviertelle q̃ eftos Indios an de eftar en parte fecreta dõde no hablan vnos con otros, aunque en algunos dias no defcubran nada , y hablandoles muchas vezes, y convenciendoles con razones, y entre ellas que en todos los demas pueblos, an defcubierto fus Huacas, &c. Es cierto que a pocos lances fe defcubre el hilo, y por el el ovillo. Tambien fe advierta, que en efta inquificion de la Idolatria , no fe pueden guardar los apices del derecho,porque no fe hara nada, fino atender à fola la verdad;procurando lo mas, que se pudiere acomodarse al orden del derecho.

Sexto, Para presumpcion de los Indios que pueden ser Hechizeros, se à de advertir, que lo mas ordinario es, serlo los viejos, y viejas, y los contrechos, cojos, tuertos, o señalados por otra manera, como se dixo en la relacion, y la experiencia lo à enseñado, aunque tambien lo son algunos Indios moços, que heredaron el oficio de sus padres.

Septimo, Quando se hallare, y fuere convencido por dicho de otros que alguno siendo preguntado, escondiò sus Huacas, o su oficio de Hechizero; sera castigado publicamente, aunque con moderado castigo, mas afrentoso, que penoso; el trasquilallos sienten mucho, porque tienen por grande ornato la coleta del cabello, convocase para ello todo el pueblo, y no diga el pregon, que es, porque tenia Huacas, o era Hechizero, sino porque no se descubriò, y mintiò, quando le preguntaron.

Como se à de examinar el Hechizero, o otro Indio que se manifestare, y diere noticia de las Huacas.

CAPITVLO XV.

O dicho en el Capitulo passado no sirve mas, que para descubrir la caça como dizen, veamos a hora como se à de seguir, y sea de examinar el Hechizero, o otra persona, que se manifestare.

Lo primero, este examen le à de hazer el mismo Visitador solo, sin Notario, o otra persona que este delante, por el temor, y empacho, que los Indios tienen, de descubrir vn secreto escondido de tantos años, y les parece q̃ qualquiera q̃ les oyga, les à de descubrir, y acusar a los demas de su pueblo. Y en especial rehusan mucho dezir, las Huacas de otro Ayllo, y parcialidad, porque en sabiendose luego les dan en cara, y averguençan los otros, de que el les acusò, y el examen sera con las preguntas siguientes, advirtiendo, que no se les à de preguntar en duda, ni condicionalmente, sino como cosa cierta, y afirmativamente, porque como dixo muy bien Seneca. *Qui timide rogat, negare docet.*

Primero, si el examen es en pueblo de la Sierra, se à de preguntar a Indio, si es Llacuaz o Huari, y llaman Huari, ò Llactayoc al que es natura

tural de aquel pueblo, y todos sus antepassados lo fueron, sin tener memoria de aver venido de fuera, y Llacuazes llaman a los que aunque
sean nacidos en aquel pueblo ellos, y sus Padres, y sus progenitores
vinieron de otras partes. Y assi se conserva en los Ayllos esta distincion en muchas partes, y los Llacuazes como gente advenediza tiene menos Huacas, y adoran mucho, y veneran sus Malquis, que como diximos
en la relacion, son los cuerpos de sus progenitores. Y los Huaris, que son
fundadores, como gente cuya fue la tierra, y fueron los primeros pobladores, tienen muchas Huacas, y los vnos, y los otros tienen, y cuentan
sus fabulas, las quales dan mucha luz para saber su Idolatria. Por estas y
otras razones suele aver entre los Ayllos, y parcialidades sus bandos, y
enemistades, y descubrirse vnos a otros, y por esta via venirse a saber las
Huacas, de vnos, y de otros, y es bien aprovecharse de esta ocasion, quando se ofrece. Sabido de que Ayllo es el Indio, se le pregunta.

Segundo, como se llama la Huaca principal de este pueblo, que todos
adorays.

Tercero, esta Huaca es algun cerro, o peñasco grande, o piedra pequeña? y sacalle las mas circunstancias, y señas que pudiere de ella.

Quarto, Esta Huaca tiene hijo, que sea piedra y Huaca como ella, o
padre, hermano, o muger (Esta pregunta se le haze, porque siempre todas
las Huacas principales tienen sus fabulas, de que tuvieron hijos, y fueron hombres, que se convirtieron en piedras, &c.

Quinto, quien guarda esta Huaca?

Sexto, que mas Huacas adoran en este pueblo?

Septimo, que Huaca adoran, para las chacras, y para el maiz, o para papas, o que Huaca adoran para el augmento del ganado, o de los cuyes.

Octavo, si tiene Coca mama, o Zaramama?

Nono, que Huancas (estas son otro modo de Huacas) adoran en sus
chacaras, para el augmento de ellas, que llaman Chacrayoc.

Decimo, que puquios, o lagunas adoran.

Vndecimo, como se llama su Pacarina, porque siempre la suelen a-
dorar.

Duodecimo, como se llama el Marcayoc, o Marcachara, que es como
el patron, y abogado del pueblo, que suele ser algunas vezes piedra, y
otros cuerpo de algun progenitor suyo, que suele ser el primero, que po-
blo aquella tierra, y assi se les à de preguntar, si es piedra, o cuerpo.

Decimotercio, Como se llama la Huaca a quien adorà, para las lluvias,
que algunas vezes suele ser piedra, y otras el Rayo, y aunque digan que

L 3   se llama

se llama lluviac,fe les à de preguntar fi es piedra.

Decimoquarto,como fe llama la Huaca, que adoran para que las acequias no fe quiebran.

Décimoquinto, que Huaca adoran para que no llueva demafiado, o
para que llueva a fu tiempo.

Decimofexto, Que Huaca adoran para que el maiz crezca bien, y no
fe coma de gufano, de que laguna traen cantaros de agua, para rociar la
chacara, y pedir lluvia, a que laguna tiran piedras para que no fe fecan, y
vengan lluvias.

Decimotercio, A que Huaca ofrecen los nacidos de vn vientre juntos,que llaman Chuchu,o Curi,o al que nace de pies,que llaman Chacpa.

Decimooctavo, que Huaca es la del Cacique, que fiempre fuele fer
muy celebre.

Decimonono, que Huaca adoran, quando van a la mita de chacras,
eftancias, obrages, o minas,para que buelvan fanos, y prefto,y los Efpañoles no les maltraten,y que ceremonias vfan en todas eftas cofas.

Vigefimo,A fe les de preguntar en diziendo la Huaca, donde efta, y
de que manera,con que veftidos,y con que ornato,y todas las demas cir-
cunftancias,que fe pudieren preguntar, y faber, porque no den vna cofa
por otra,y vna Huaca fingida,por efconder,y quedarfe con la verdadera,
como à acontecido muchas vezes,y fi fuere pofsible yr luego donde efta.

Vigefimoprimero, que Malquis adoran, que fon los cuerpos de fus
progenitores, y como fe llama el Padre, y quantos hijos tuvo, y en que
parte los tienen,en que cueva,o Machay, y de que manera.

Vigefimofegundo,que Conopa,o Chanca tiene,q es fu Dios Penate,y
fi es Micui Conopa, o Zara Conopa, o Llama Conopa, fi es Conopa del
maiz,o del Ganado,y fi todos los demas Indios las tienen, lo qual es cofa certifsima, y en que fe à de inftar mucho, porque fe à experimentado,
que mas facilmente defcubran las Huacas comunes, que las particulares,
que cada vno tiene.

Vigefimotercio, Para examinar el Hechizero en fu oficio, fe le à de
preguntar,fi es Villac,o Huacahuan rimac,que es lo mifmo,el que habla,
con la Huaca, y le ofrece las ofrendas,o es Humu Maxa, que es el mas
confultado, y mingado, o Rapyac, o Socyac, Mofcoc, o Pachacuc, o
Azuac, o Yanapac, o Brujo, y fi habla con el demonio,y en que figura fe
le aparece. De eftos oficios fe hizo particular capitulo en la relacion, que
es el tercero.

Vigefimoquarto, Hanfeles de preguntar de las fieftas que hazian, a
que

que tiempos, y con que ceremonias ; de que trata el capitulo quarto , por
que fuele aver variedad en diverfas partes ; y muy en particular fi fe an
confeffado con fus Hechizeros, que en las Provincias de Caxatambo , y
Huailas fe pregunta, Huchaiquicta aucacucchu canqui ? has confeffado
v̇; s pecados con los Hechizeros ? y preguntalle con que ceremonias como fe dixo en el capitulo quinto.

Vigefimoquinto , que dias bevian, y que bayles baylavan, y que cantos cantavan en las fieftas de las Huacas, y donde fe juntavan a confeffarfe eftos dias con fus Hechizeros : que fuele tener lugares feñalados para
efte efeto, que llaman Cayan.

Vigefimoquinto , fi tienen cuerpos muertos Chuchus , o que fon los
que nacidos de vn parto, Chacpa, los que nacen de pies, guardados en fus
cafas, o faben quien los tiene, y fi a eftos tales que murieron, o eftan vivos
los baptizaron, que fuelen no hazello.

Vigefimofexto , preguntar quien trafquilò a fu hijo los cavellos , y
quien los tiene guardados: como fe dixo en el capitulo fexto.

Vigefimofeptimo , los cuerpos muertos , que an defenterrado de las
Yglefias.

Vigefimooctavo, Averiguar que lugares ay, y donde efta , que llaman
Apachita, y Tocanca.

Vigefimonono , Inquirir defde que lugar , y a que tiempo adoran al
Sol , y al Rayo ; y que Hechizero es el Lliviac villac, que tiene oficio de
invocalle, y quien es el Malqui villac.

Trigefimo, fi adoran la Sierra nevada , y a la mar quando van a los llanos, tirandofe las cejas.

Trigefimoprimero, que Hechizeros tienen a fu cargo hechar las fieftas, y ayunos, y mandar hazer la chicha , y enfeñar a los moços fus Idolatrias, y fuperfticiones.

Trigefimofegundo, fi ponen Parianas para guarda de las chacaras , y
quienes fon.

Trigefimotercero, que cofas ofrecen a las Huacas, y fi tienen Llamas
que fon fus carneros, o chacaras, y quien es el mayordomo de las Chacaras, de las Huacas, que llamrn Pachacac.

Trigefimoquarto, preguntar al Hechizero , quando iva a mochar la
Huaca , que refpueftas dava a los Indios, y como fingia, que hablava la
Huaca, y fi dixere, que quando hablava à la Huaca, fe tornava loco (que
lo fuelen dezir muchas vezes) fi era por la chicha, que bevia, o por efecto
del demonio.

Trigefimo

Trigefimoquinto, inquirir con recato, y prudencia, fi ay algunas perfonas que no eſten baptizadas. Porque ſuelen eſconder algunos por no
baptizallos, eſpecialmente los que nacen en las eſtancias, y en el campo. Y
tambien à ſucedido, y yo lo è viſto, dezir las Indias por deſcaſarſe de ſus
maridos, que no eſtavan baptizadas; a tanto como eſto llega ſu malicȩ
y ignorancia.

Trigeſimoſexto, A la poſtre ſe á de preguntar por la hazienda que la
Huaca tiene, fi tiene dinero, que eſte ſuele eſtar en poder del que la guarda, o en el miſmo lugar de la Huaca, fi tiene oro, o plata. Huamas, Chacra
Hincas, o Tincurpas, o Aquillas, con que les dan de bever, que caſi todas
las Huacas las tienen.

Eſtas y las demas coſas de que ſe haze mencion en la relacion, que tendra muy bien viſta, y entendidas el Viſitador, y otras coſas ſemejantes,
que en otras partes ſe hallaran, y el tiempo yrà moſtrando, y la experiencia deſcubriendo, à de preguntar el Viſitador, a tres o quatro de las perſonas que ſe dixo arriba, o algunos otros que ellos citaren; no todo de
vna vez, ni muy apriſa ſino muy de eſpacio, y dandoles tiempo para que
pienſen, lo que ſe les olvida. Y a los que ſupieren eſcrevir, dandoles papel
y tinta, para que eſcriban todo lo que ſupieren, o que hagan quipo de
ello, o quenten con maizes, que es modo muy vſado entre los Indios.
Siempre les a de yr amenaçado, que ſi parecieran algunas Huacas mas de
las que an dicho, o algunos Hechizeros mas de los que an declarado; an
de ſer caſtigados, &c.

Todo lo que dixeren à de yr eſcriviendo brevemente, pero con claridad, y diſtincion para mejor entenderſe en vn libro blanco, que tendrà
para eſte efecto; poniendo ſu titulo. La Idolatria que ſe deſcubrió en tal
pueblo, tal dia mes, y Año. Y en el miſmo libro a parte, o en otro diſtin-
to, yra eſcriviendo, lo q̃ incidétemente deſcubriere de Huacas, o Hechizeros, o coſas ſemejantes de otros pueblos. Y lo miſmo hara cada y quando, que ſupiere las coſas de otras partes, aunque no ſean de ſu viſita, y an
ſido de grandiſsimo provecho las advertencias, que los Viſitadores, y
Padres an dado de coſas de otras Provincias, a los q̃ los viſitavan. Porque
los Indios, ya porque ellos a bueltas de ſus coſas lo dizen, o ya porque
ſe lo preguntan, ſiempre dizen mucho. Y à acontecido venir Indios de
otras partes à diverſas ocaſiones, y no pocas por eſcuchas, y eſpias de ſus
pueblos, para ver lo que paſſa, y preguntalles las Huacas de ſus pueblos, y
venirſe a ſaber por eſta via las coſas, que ay de Idolatria en pueblos, y
Provincias muy diſtantes. Otras vezes ſuelen venir Indios de otras partes, y

tes, y aun Caçiques por ganar gracias con el Viſitador, o por otros reſ-
petos venir a deſcubrir las Huacas, y Hechizeros de ſus pueblos. De
qualquiera manera que ſea todo lo que ſe ſupiere, lo cierto como cierto,
y lo dudoſo, como dudoſo, ſe à de eſcrevir con claridad, puntualidad, y
diligencia.

Eſte es el modo que ſe pueda tener, haſta que la experiencia enſeñe
otro mejor, para començar la viſita en los pueblos, y Provincias donde
nunca ſe à hecho, y tiene mas dificultad, veamos aora como ſe à de pro-
ſeguir.

Como ſe à de proſeguir la viſita.

CAPITVLO XVI.

N las Provincias donde la viſita ſe va proſiguiendo, no es meneſter poner tanto trabajo, ni cuidado, ni ſuele aver las dificultades dichas. Porque los Caçiques, y Alcades ſuelen en
llegando el Viſitador, y los Padres dar luego quenta de todos
los Hechizeros, que ay en el ſin dificultad ninguna. Y como ſe dixo en la
relacion, en pueblo de haſta 350. perſonas de confeſsion, dentro de media
hora que llegamos ſe vinieron ellos miſmos a deſcubrir, y parte dellos
trujeron los Alcades, cerca de treinta de eſtos Hechizeros, y miniſtros
de Idolatria. Y para quitalles el temor, y ganalles mas la voluntad, les
acarició, y dió algo el Viſitador, y tambien es ordinario antes de yr al
pueblo, que ſe à de viſitar deſde el que ſe acaba de viſitar, llevar noticia
de las principales Huacas, y Hechizeros que ay en el. Y teniendo eſta entrada el Viſitador, o por la noticia que lleva, o porque ellos ſe manifieſtan
en llegando, o leyendo el edito, o por las diligencias, que diximos en el
capitulo paſado, no tendra dificultad en lo demas.

Lo Primero, que à de hazer es, deſpues de la Miſſa, y Sermon donde
ſe uviere leido el edito, es llamar a ſu caſa, por medio de los Alcades, o de
los Caçiques a los Hechiberos principales de los Ayllos, y juntos todos
les hara vn breve razonamiento apercibiendolos, que les à de examinar
ſus Huacas, Ritos, y Ceremonias, acariciandoles por vna parte, con
amor, y por otra amenaçandoles, ſi encubrieren, y les dara algun termino, para que lo pienſen bien, y hagan ſus quipos, y deſpues los examinarà a cada vno de por ſi el Viſitador ſolo, aunque ſera bien que eſte pre-

M ſente

fente vno de los Padres, para que tambien exhorte a los Indios, y ayud
al Vifitador, y pueda en cafos, que fon menefter, autorizar, lo que fe efcri
biere, como Notario, Affefor, o Teftigo, y no es bien que efte prefente e
Cura del pueblo, porque fe corren, y empachan de defcubrirfe, y mani
feftarfe delante de el. Examinarle à por las preguntas, que fe dixeron en
el capitulo paffado, o por las mas effenciales de ellas, y efcrivirà como
efta dicho todo lo que dixeren.

Examinados de efta fuerte todos los Hechizeros principales de lo
Ayllos, y a los demas, que ellos citaren, y pareciere conveniente exami
nallos, para tener mas entera noticia de las Idolatrias del pueblo. Proce
derà à hazer las informaciones de oficio, haziendo vn auto para ello: y
eftas informaciones las harà llamando a los Caciques, y principales, y
otros dos, o tres Indios de cada Ayllo los de mejor fuerte, y mas enten
didos, y les recibirà fus dichos encargandoles mucho la gravedad del ju
ramento, y que digan verdad, ayudando, y afsiftiendo a ello alguno de
los Padres, y fi uviere Indios, que fepan efcrevir, que cada vno le trayga
por efcrito, lo que fupiere. Las preguntas, o feran las fobredichas, o por
lo menos las figuientes, que fon las mas effenciales.

La primera fi ay en el pueblo algunos Indios, que adoran Huacas vi
viendo al vfo de fu gentilidad.

La fegunda, que Huacas afsi fixas, como movibles, y Malquis adoran;
y cada Ayllo dirà las fuyas, y fe efcrivira: lo que dixeren haziendo cabe
ça de proceffo. Que en tal pueblo dia, mes y año. N. Vifitader aviendo
leydo fu edito, y teniendo noticia, que en tal pueblo, avia algunas cofas
de las que en el fe citavan, para averiguar la verdad llamò a N. N. o ellos
vinieron, y recebido fu juramento en forma de derecho, dixeron que las
Huacas, que los de fu Ayllo an adorado, fon, &c.

La tercera, que adoracion davan a las dichas Huacas, y fi las adoravan
como a fus diofes, y criadores llamandolas, è invocandolas Runa camac;
y pidiendoles vida, y falud, y comida, &c.

4. Que fieftas hazian a las dichas Huacas, y a que tiempos del Año, y
con que ritos, y ceremonias, ayunos, confefsiones, bayles, y cantos.

5. Que miniftros de Idolatria ay en efte dicho pueblo, afsi mayores,
como menores: y cada vno diga los de fu Ayllo, y el oficio que exercita, y
que nombre tiene.

6. Que cuerpos faben, que hayan hurtado de la Yglefia,

7. Que hazienda tienen las dichas Huacas afsi chacaras, y ganados;
como oro, y plata ofrecida, o las demas cofas, que fe dixeron arriva.

8. Si

8. Si an creido los misterios de nuestra Fè, y preguntalles algunos, como la creacion del hombre, de su vltimo fin, de ser Dios trino en perso-
as, vno en essencia, de la venida de Christo nuestro Señor, del santissi-
mo Sacramento del Altar, de la adoracion de las Imagines, si an tenido
por pecado el de la Idolatria, y si lo an confessado, o escondido de miedo, &c.

Acabadas las dichas informaciones llamaran a todos los ministros de
Idolatria declarados, y citados por los Caciques, y principales, o porque
ellos se hayan declarado y manifestado; y tomandoles juramento les examinarà como a los pasados. Y teniendo la noticia de la Idolatria, que pudiere aver averiguado, por los dichos, de vnos, o de otros, avisarà en vn
sermon, de los que se van haziendo, dandoselo a entender con muchas ve-
zas a todo el pueblo, el grave delito, que todos an cometido en adorar
Huacas, &c. Y como estan descomulgados, y son enemigos de Dios; y
que para absolvelles, y sacalles del pecado en que estan, es menester examinar, y preguntar a cada vno de por si. Y les exhortarà grandemente a
que todos digan la verdad, y no teman, que no les an de castigar por ello;
y que nadie se levante a si, ni a otro falso testimonio; y que no encubran
nada de lo que les preguntaren, porque si lo encubrieren, y se supiere por
otra via, los an de castigar con mucho rigor. Esto se les à de intimar, y re-
petir muchas vezes en los primeros sermones, y el Visitador, y el Cura, y
los Padres, y todos los demas que se hallaran presentes en el pueblo an de
animar mucho a los Indios, à que se manifiesten, quitandoles el temor, y
empacho con muchas razones, que ay para ello. A seles de dezir publicamente, que cada vno à de dezir el oficio que tiene de Hechizero (si lo es)
à la Huacas, y Malquis, que an adorado; y las Conopas, y dioses Penates,
que tienen en sus casas. Y las ofrendas de Mullu, Paria, Llacsa, Carva,
Muqui, Ato, Huahua, Sebo, Coca, Sancu, y las demas.

Acabada la Missa se pondrà el Visitador en la Yglesia, con su mesa
delante, y en ella vna Cruz, o vn Christo crucificado; tendrà vn libro para este proposito blanco, distinto del otro donde escriviò, lo que fue ave-
riguando de Idolatria, y si el mismo, en diversa parte de el, y poniendo
este titulo. Acusaciones de los Indios del pueblo de tal parte, tal dia mes,
y Año; teniendo el Padron del pueblo delante, yrà llamando a cada vno
por su nombre. Aviendose quedado fuera de la Yglesia, para ser examinados, los de algun Ayllo, y estando el Indio en pie, porque no entienda,
que es confussion, y haga distincion de ella, a la deposicion iudicial; le
pregütarà breveméte, Has adorado Huacas? y escrivirà lo que dixere; Has

M 2   mingado

mingado alguunHechizero?has te confeſſado con el?has ayunado a ſal, y
agi?quantas Conopas tienes?y las eſcrivirà con las ſeñas que le diere. que
ofrendas tienes para las Huacas. Todas eſtas coſas à de eſcrivir con ſumi
brevedad, a eſte modo.

Pedro Paucar adorò a Llibiac, mingò a N confeſſoſe, tiene vna Conopa de piedra negra, como choclo, vna Mamazara, Mullu, Aſto, Paria, vn
Pacto, vn cuerpo Chuchu deſenterrò el cuerpo de ſu Padre de la Ygleſia.

No es neceſſario averiguar el numero de las vezes, que adorò Huacas,
ni otras circunſtancias, porque eſte acto no es mas, que para ver ſi an ſido
Idolatras, y para ſacalles las coſas que adoran, y las que ofrecen en ſacrificios, y quitarſelas, y no para proceder por eſta primera vez con caſtigo
contra ellos. En lo que es neceſſario, que el Viſitador eſte muy advertido, y ſea muy exacto es, en que declaren ſus Conopas, las ofrendas, los
Chuchus, y cuerpos hurtados : y quando ſe averiguaſſen que encubran,
porque acontecee, que el marido deſcubre, lo que la muger, que entrà
tras el niega;es neceſſario caſtigalla luego, aunque no ſean mas que veinte açotes ſobre vn carnero, o en el rollo, o traſquilandola, no por lo que
dixo, ſino por lo que no dixo. Los muchachos, ſiendo doli capaces, an de
ſer examinados tambien;y baſtarà ſolo preguntalles,ſi an mochado Huacas, confeſſado y ayunado al vſo de ſu gentilidad, que eſtas tres coſas ſon
las primeras que les enſeñan ſus Padres. Por eſte examen an de paſſar todos aſsi Caciques, como principales, y Hechizeros llamados por el Padron en el lugar que les cabe, aunque hayan ſido examinados a parte del
modo que ſe dixo arriba; ſeñalando a los Hechizeros con vna Cruz, a la
margen, y para ſer mejor conocidos el Cacique, o principal del Ayllo,
que aſiſte, haſta que ſe acaba de examinar ſir Ayllo, lo advierte quàndo
entra a examinarſe. Y quàndo alguno de los que van llamandoſe por el
padron eſtuviere abſente eſcrivira ſu nombre, y dexarà blanco de dos, o
tres renglones, para que ſe eſcriva lo que dixere, quando pareciere. Eſte
examen, a que tambien ſera bien que ſe halle alguno de los Padres, pero
no el Cura, durarà haſta que ſea hora de comer. Y a eſte tiempo todos los
que eſtan examinados, que ſin averſe ido, avran eſtado aguardando, ſe
hincaran de rodillas quitandoſe los hombres las mantas, y las mugeres
las lliollas, y quedandoſe en cuerpo, fuera de la puerta de la Ygleſia en
dos, o tres ordenes, y poniendoſe el Viſitador a la puerta de la Ygleſia
con ſobrepelliz, y eſtola, y dos, o tres varas en la mano, les dira en pocas,y
graves palabras. Como haſta aora an ſido hijos del demonio, y an eſtado
en pecado, y que es neceſſario, que ſe conviertan de coraçon a Dios
nueſtro

ñueſtro Señor,hareles hazer algunos actos de deteſtacion de ſus errores,
y proteſtacion de nueſtra Fè ; y que juren de nunca dexalla, haziendo la
cruz con la mano derecha levantada , porque ſe mueven los Indios mucho con eſtas ceremonias exteriores; y es muy ordinario dezir , quando
al cabo de algun tiempo deſpues de la viſita ſe confieſſan; quando les preguntan , ſi an adorado otra vez Huacas. Deſpues , que lo jurè nunca mas
è adorado Huacas,ni mingado Hechizeros,&c. Deſpues les dirà que aſſi como ellos ſuelen caſtigar a ſus hijos quando ſon travieſſos , y no ſon
obedientes;que aſsi nueſtra Madre la Ygleſia,tiene mandado,que les caſ-
tiguen pero con piedad , y que les açoten con aquellas varas , para abſol-
velles de la excomunion , y que de eſta manera lo haze con los Reyes, y
con los Principes , y les explicarà de ſuerte que ellos hagan buen concepto de lo que es excomunion. Y aſsi les abſolverà , o conforme la formula del Manual Romano, o la que eſta en el Directorio inquiſitorum,
que pondremos al fin , que es mas ſolenne. Y todo es meneſter , para que
cobren eſtima de las ceremonias , y cenſuras Eccleſiaſticas. Deſpues que
hayan entrado en la Ygleſia les dirà como aquello,que an hecho,no es el
ſacramento de la Confeſsion,y que aſsi,aun no les à perdonado Dios ſus
pecados,que es meneſter que ſe confieſſen con losPadres,y no con el,que
es Iuez. Y ſobre eſto les dirà dos,o tres breves razones. Eſtas miſmas ta-
ripaciones , o examenes ſe proſiguen deſpues a la tarde previniendo a los
que an de venir , quando ſe tocare la campana , a las dos y media , y dura
haſta pueſta de Sol, y ſe abſuelven en acabando , como eſta dicho. Como
ſe fueren haziendo eſtos examenes , ſe pueden yr confeſſando , eſpecialmente los ſolteros , y ſolteras , que no tienen que exhibir Conopas , ni
ofrendas,ni otras coſas,que tienen los demas.Que eſtos de ordinario,pa-
rece mas a propoſito que ſe confieſſen, deſpues que hayan entregado todas las coſas,que manifeſtaron en el examen.

Acabados eſtos examenes , mandarà el Viſitador que los Hechizeros,
que manifeſtaron las Huacas, y los principales de ſus Ayllos vayan por
ellas,y las traygan Y parece conveniente que ſea antes de la abjuracion,
y abſolucion ſolenne, que ellos an de hazer. Eſte es el principal punto de
la viſita,y en que es meneſter gràde cuidado,y diligencia;porque à acontecido muchas vezes eſconder las verdaderas Huacas,y las principales,y
dar otras piedras por ellas ; y aſsi conviene como ſe dixo tener bien ſabi-
das las ſeñas de la Huaca,y del lugar donde eſtàn; y que vaya con los Hechizeros el miſmo Viſitador, o algun Sacerdote , o otra perſona de confiança; que a penas ay Indio , de quien ſe pueda fiar eſtos , y ſueleſer de

M 3 mucho

mucho trabajo, porque algunas vezes es forçoso yr a pie, y por caminos muy malos. El que fuere llevarà la memoria de las Huacas, y de los Malquis. que tambien se an de traer, con las circunstancias, y señas, que mas pudiere. Ha de llevar orden de derrivar los adoratorios, y Machais, y que se pongan en los lugares, donde estavan las principales Huacas, Cruzes grandes. Tambien se à de mandar, que traigan cada vno los cuerpos muertos, que desenterraron de la Yglesia.

Acabado todo se señalarà el dia para las exhibiciones, que serà lo mas presto que ser pudiere. Feuera de que se les prevendrà para ello en los sermones, y catecismos, se mandarà pregonar la noche antes, de que de mas de las Conopas, y Mamazaras, y Axomamas, y Paria, y Llacsa, Coca, y las demas ofrendas, traigan tambien los cuerpos Chuchus, y los Chacpas, y Pacto, y todos los tambores, y los vasos, aquillas, y mates con que davan de comer, y bever a las Huacas, y las ollas con que hazian el tecti, o chicha para las Huacas, y los cantarillos en que la llevavan; y los pellexos, y baculos de los Parianas, y las quepas, o trompetas, y caracoles, y otras cosas que sirvian a las Huacas, y en particular, las camisetas de cumbi, que uvieffen sido, de las Huacas, o Malquis; y las que no les servian, sino solo para las fiestas de las Huacas. Que otras camisetas de cumbi, o que tienen las que llaman Humaras, de q̃ se sirven muchos Indios principales, no es bien quitarselas; sino en caso, que les sirvieffen solo para las Huacas; y todas las, que se les quitaren se an de quemar sin reservar ninguna, para cosa alguna, porque no entiéden los Indios, que a titulo de Idolatria, les quitan sus cosas, para aprovecharse de ellas, que es de muy grande inconveniente. Tambien se prevendrà de que se traiga leña para la quema.

El dia siguiente se tocarà luego la campana muy de mañana; y dicha Missa (porque esse dia no puede aver sermon) se juntarà todo el pueblo en la plaça por sus Ayllos; y aviendo traido, y teniendo consigo todo lo que an de exhibir, y manifestar delante del Visitador; los van llamando por el Padron por el orden que fueron examinados; trayendo cada vno lo que dixo que tenia, y escrivió el Visitador al tiempo del examen. Escrivese todo lo que traen no en el libro donde se escrivió el examen particular de cada vno; sino en el libro, o processo donde se tomaron las confessiones de los Hechizeros, y de los principales de los Ayllos. Aqui es menester grande caidado, para que no escondan nada, que lo suelen hazer, si pueden, y si alguno escondiere algo serà castigado con alguna demonstracion.

Despues que todos los particulares an entregado sus cosas, dan los Hechizeros

chizeros las Huacas, y Malquis que guardaron, y las an traido ya de adonde estavan, y se escrive el nombre, y figura de la Huaca que cada vno entrega.

Todas estas cosas, que aun en pueblos pequeños suelé ser muchas, con los cuerpos Malquis, y hurtados de las Yglesias, se juntan fuera del pueblo en algun lugar apartado, y se queman haziendo de todo vna grande hoguera. Pueblo, y no muy grande è visto donde en esta ocassion se quemaron mas de treciétos juntos de los vnos, y de los otros. Las Aquillas, y vasos, trompetas, y Huamas, y las demas cosas que se hallan de plata, aunque sean de poco valor se pesan, y toman por quenta en estas exhibiciones publicamente, y se escrive en el processo, para dar quenta de ello; a quié se deve dar, y assi estas exhibiciones las firmá el Visitador, y los Padres, que se hallan presentes. Porque importa mas de lo que se pueda facilmente entender, que los Indios vean, y se persuadan, que no se pretende en estas visitas quitalles cosa ninguna suya sino, solo aquello, que sin ser de provecho para nadie, es en perjuicio de todos, y ofensa de Dios nuestro Señor, por ser del servicio, y ministerio de las Huacas. Esta demonstracion conviene hazella de suerte, que ninguno por mal intencionado que sea, ni presente, ni absente pueda poner macula en el Visitador, ni en su oficio; como en efeto lo an procurado algunos contra toda verdad, y razon. Y la defensa à sido, la que siempre lo suele ser, que es la propria verdad, y testigos abonados de ella.

El dia siguiente se recoge todo lo que à quedado de la quema, por las razones que se dixeron en la relacion, y se haze de ello lo que alli se dixo, en el capitulo primero. Solo torno a advertir, por lo que se à experimentado despues de la visita en muchas partes, que aunque cueste algun trabajo, todo lo que restare de la quema, que no pudo consumir el fuego, se heche donde nunca parezca, y si es possible que ningun Indio vea, ni sepa, donde se hecho. Y que se haga lo que el Señor Arçobispo tiene mandado, que todo lo que se à puesto debaxo de las Cruzes junto a la Yglesia, con alguna buena ocasion se saque, se dissipe, y esparça, o se heche en rios donde no pueda quedar memoria, ni rastro de ello. Porque pocos meses à se hallaron sacrificios de Cuyes, y otras cosas, que se suelen ofrecer a las Huacas, al rededor de la Cruz debaxo de la qual avian enterrado lo que sobrò de la quema de las Huacas de aquel pueblo.

Acabadas estas exhibiciones, el dia que le parece mas conveniente, junta el Visitador en su casa a todos los Hechizeros; y preguntandoles otras vezes sus oficios se escriben en el mismo processo; y en ellos condena

pena á que acuden todos los dias a la dotrina, mañana y tarde; y que no
falten fin licencia de el Cura; y que traigan vna cruz de madera del tama-
ño de vn jeme al cuello;avifarales que fe emienden,y amenaçarales el caftigo fino lo hizieren,&c. Defpues de efto fe feñale el dia,que parece mas
a propofito para la fiefta de la Cruz, que fe celebra donde ay comodidad
lo mas folennemente que fer puede con vifperas, y Miffa cantada; y ade-
reçando las calles para la procefsion en la qual fe lleva en andas, y con
palio vn Chrifto crucificado,o vna Cruz.

Antes de Miffa fe juntan en alguna parte,que fe feñala todo el pueblo,
y defde aqui llevan la Imagen,o Cruz a la Yglefia,aunque fin palio;y van
todos los Hechizeros en cuerpo con fu candela en la mano, y foga a la
gargaña,y los mas culpados con coroças;y de efta manera eftan en Miffa
delante de todos. Acabado el fermon algunos de los principales miniftros de Idolatria,que para efte efeto van inftruidos fe ponen en pie en las
gradas del Altar, o en algun lugar alto; y de vno en vno hablan al pueblo, diziendo como les an traido engañados, y que todo lo que les an
dicho es mentira, y que, en adelante no les llamen para ofrecer a las
Huacas, &c.

Acabada la Miffa fe haze la procefsion,cátando en la lengua la letania
de laCruz,ƒ anda impreffa,van en la procefsió los poftreros de todos los
Hechizeros en forma de penitétes delâte de las andas.Y fuele caufar efte
fpectaculo a quien lo mira con los ojos ƒ fe déve;mucha devocion,y fentimiento. Queda mandado en todos los pueblos,que efta fiefta fe celebre
folennemente todos los años el dia de la exaltacion de la Cruz, a catorze
de Setiembre,o el Domingo figuiente; en memoria de la merced que les
hizo nueftro Señor de facalles de fus errores, y Idolatrias. Y por la mifma razon fe pone para efte dia, y queda muy bien puefta para adelante
vna Cruz grande en la plaça.

Efte dia de la fiefta de la Cruz, o defpues en otro que fuere mas a propofito, antes o defpues de la Miffa fe leen, y explican las conftituciones,
ordenadas para remedio de la Idolatria, que fon las comunes, que van al
fin de efta rélacion; añadiendo en cada pueblo las particulares que alli
fon menefter.Eftas conftituciones quedan efcritas en el libro de la Yglefia,con vna copia de las Huàcas, y Hechizeros que alli fe hallaron. Y en
vna tabla que fe pone en publico en la Yglefia, queda otra copia de los
Hechizeros,y del oficio que cada vno tenia, para que el Cura tenga particular cuidado de ellos. Aunque defpues de confultado con el Señor
Señor Arçobifpo à mádado, que la memoria de los Hechizeros quede en
                                                            publico,

publico , y la de las Huacas. Y errores de aquel pueblo en vn libro , que para ello tendrá el Cura para que sepa los errores, que les à de refutar.

No se puede dezir, sino se vè, y experimenta, el consuelo, y contento, con que quedan los Indios acabada la visita ; no tanto porque se vaya el Visitador, quanto de conocer sus engaños, y de quedar enseñados, y confessados. Verdad es que este aplauso, contento y desengaño, es de ordinario en el comun del pueblo, chicos y grandes, que eran los engañados, pero muchos de los viejos, como se ven notados, y afrentados, y perdido el credito , que tienen con todos , y lo que ellos mas sienten , quebrado el banco de su interes , que todo le tienen librado en el vso y exercicio de sus oficios, y ministerios gentilicos , y por otra parte tienen tan enbevido, y connaturalizado el amor de sus Huacas, de sus Idolatrias, superfticiones, y ceremonias, quanto tienen por estraño, y ageno el amor, y conocimiento de los misterios de nuestra Fè , y todas las demas cosas de la Religion Christiana, a penas se acaban algunos de desengañar , y son faciles en bolver a sus errores, y nada descuidados en llevar tras si, quantos pueden, enseñandolos, y exercitando de nuevo sus oficios y ministerios. Pero todos los demas facilmente se desengañan , y son mas constantes en la verdad, que aprenden, y assi muestran grande agradecimiento a los Padres, y les piden que buelvan otras vezes , y les preguntan quando an de bolver, y quando buelven los reciben con extraordinarias muestras de contento. Pero si es grande el contento con que quedan los Indios ; mayor es el que llevan los que les enseñaron, y confessaron, viendo quan diferente queda aquel pueblo de lo que le hallaron . encaminado a la vida eterna, *Vt cognoscant te Deum Verum, & quem misisti Iesum Christum.*

Conclusion y resumen de todo lo sobre dicho.

CAPITVLO XVII.

Res partes , propusimos en el Prologo , en que se podia dividir este tratado. La primera fue. Que Huacas y Idolos adoran los Indios, que les ofrecen, que fiestas les hazen, que abusos y supersticiones tienen, que sacerdotes, maestros, y ministros de sus Idolatrias. La segunda que causas y rayzes tienen, de ellas , que por vna parte estan tan encubiertas , y por otra brotan tanto, y los remedios para descubrillas, y desarraygallas. La tercere la pratica

N

pratica de la Vifita como medio mas proximo, y immediato para confe-
guir el fin fobredicho.

Cumplido è con lo propuefto (fino me engaño) y por lo menos eftoy
cierto, que lo è defeado, y procurado. Dos cofas me faltan por advertir.
La primera el eftado en que eftan el dia de oy, que es principio de qua-
refma del Año de 1621, los medios arriva propueftos, para el remedio
deftos males: la fegunda, qual de ellos es el mas neceffario, conveniente y
eficaz. Y començando por efto digo. Que los medios, y los que los an de
poner, y executar fon muchos y varios.

Vnos tocan a las Cabeças y Principes, afsi Seglares como Eclefiafticos,
q̃ los ordenan, y otros a los q̃ los executã, vnos fon medios vniverfales, y
otros particulares, vnos mediatos, y otros immediatos, vnos mas, y otros
menos eficaces, vnos fon perpetuos, y otros para tiempo limitado. Qualquiera que uviere leido lo fobredicho, hechara de ver facilmente los que
le tocan, y quales fe deven preferir a quales afsi en la eftima, como en la
execucion. Porque no es mi intento hazer tratado, de lo que perfonas tan
graves efcrivierõ de propofito, como el P. Acofta de nueftra Cõpañia, *de*
Procurãdo falute Indorum, el P.Fr. Thomas de Iefus Carmelita defcalço, *de*
Procurãdo falute omnium gentium. Quifiera yo, que eftos libros los leyeran
todos, y con el fpiritu que ellos fe efcrivieron, que eftoy cierto fueran de
fingular provecho. El principio, y fundamento de todo efte edificio, es
que fe haga el concepto y eftima, y fe cobre el conocimiento, de la enfermedad, que pide fu gravedad, porque a ley de no faltar muchos a las obligaciones, que tienen de Iufticia, y todos a las que tenemos de Caridad, fe
aplicarà la medicina que pide la enfermedad.

A todos toca efte cuidado, y por todos corre efta obligacion, aunque
no en igual grado, ni eftan libres de ella aun aquellos, que por razon de fu
eftado eftan retirados del mundo, y olvidados del. Oygan los vnos, y los
otros lo que admirablemente dize S. Iuan Chryfoftomo en la oracion de
S. Philogonio, que por no quitalle la energia que tienẽ fus palabras, aunque la tienen mayor en Griego las pondrè en Latin. *Nulla prorfus alia res*
eft, qua perinde declaret, doceatque quis fit fidelis, & amans Chrifti, quam fi
fratrum curam gerat, proque illorum falute gerat folicitudinem. Hæc om-
nes audiant, etiam Monachi, qui montium occuparunt cacumina, quique mo-
dis omnibus fe ipfos crucifixerunt quo pro viribus Ecclefiarum Præfectos
adiuuent, horumque caufas leniant precibus, concordia, Charitate, &c. Pero el
vnico, y principal remedio de efte mal, y la cura de efta enfermedad efta
en los Curas, y depẽde de fu cuidado. Y no carece de myfterio, que fea lo
mifmo

mifmo Cura, que cuidado, y cuidado que Cura. Digo, que ellos fon el
vnico remedio, porque todos los demas, aunque fe pongan en execucion, no haran tanto, como folo efte. Los Curas fon los que llevan el
pondus diei, & æftus, en cultivar efta viña tan inculta, y que tanto procura
deftroçar aquel Iabali del infierno. Que con razon fe puede dezir de ella
lo del Pfal.79. *Ex terminauit eam aper de filua, & fingularis ferus depaftus
eft eam.* Los Curas fon los que(como dixo S. Bernardo que hizo S. Pablo
con toda la Yglefia)fuftentan la parte que de ella les encargò Dios nueftro Señor, *oratione,exemplo,& doctrina.* Con fantos defeos, oraciò fervorofa, y continuas lagrimas an de negociar el ganar almas para el Cielo. La
oracion les à de dar eftima de ellas, pondrà fuego en fus palabras, y hallarà mil traças, y medios para ganallas. Y fin la oracion el aprecio de las Almas, el fervor en los fermones, la eficacia en los medios, que pufierè, ferà
todo poco, o nada. Y fi importa mucho la oracion, no importa menos el
exemplo, para el convertir almas. Mucho nos miran a las manos los Indios,porque ni ellos, ni aun Efpañoles faben bien diftinguir, lo que dixo
Chrifto nueftro Señor, de los que eftavan en la cathedra de Moyfes. *Quæ-
cunque dixerint vobis feruate,& facite,fecundum verò opera eorum nolite facere.* Mas prefto haran lo que nos vieren hazer, que lo que nos oyeren. Y
como dixo S. Leon Papa. *Fortiore funt exempla quam verba.* El que enfeña
con obras, y palabras haze a dos manos, como los que reedificaron a Ie-
rufalem de quien dize la Efcritura 2.Efdr.4. *Vna manu faciebant opus, &
altera tenebant gladium,* o como aquellos de quien dize Iudic. 20. *Erant
viri fortiffimi,ita finiftra,vt dextra præliantes,*y en el cap.3.de Iofue fe dize del capitan Aod.por grande alabança, *Sufcitauit eis faluatorem Aod,qui
vtraque manu pro dextera vtebatur.*Vale mas vna palabra acompañada con
exemplo, que muchas fin el. Y es el modelo que diò el *Princeps Paftorum
cæpit IESVS facere,& docere.*Mucho hazen los Vifitadores y Religiofos que andan en miffiones,en lo que es enfeñar a los Indios;pero el paf-
to, y riego ordinario de los Curas,es lo que les entra en provecho,con la
continuacion de los fermones todos los dias de fiefta de obligacion, con
la dotrina de los Miercoles y Viernes, con los catecifmos ordinarios, y
aun en las converfaciones comunes oportune, y importune, es menefter
tratalles de las cofas de nueftra Fè, y de las hiftorias Ecclefiafticas, y vidas de Santos,que guftan mucho de oyllas,refutandoles fus errores,y enfeñandoles nueftras verdades, hafta que queden en lo vno, y en lo otro
convencidos.

Pues el otro medio para defarraygar la Idolatria, y plantar la Fè entre los Indios, de que los Curacas, y Cacique sean los que conviene, quien lo deve, ni puede, ni suele hazer mejor que los Curas? y lo mismo digo del facilitalles, de que embien sus hijos a los collegios, y ponelles estima de la merced que su Magestad les haze en esto.

Pues quitalles las borracheras, que son las que crian, fomentan, y conservan las Idolatrias, si algunos lo an de hazer son los Curas, ya por bien, y con blandura, ya por mal, y con castigo. Ellos an de ser los immediatos executores de los q assi en esto, como en otras muchas cosas tiene mandado el Señor Virrey, y el Señor Arçobispo. El tener cuidado con los que reinciden, y muy particular con los que quedan notados, por ministros, y maestros de la Idolatria, assi para enseñalles como para estorvalles, que no buelvan a sus ministerios, y el embiar, los que fueren mas periudiciales a la reclusion, no lo puede hazer nadie mejor que el Cura.

El reparo de las Yglesias, el ornato de los Altares, el adorno de las Imagines, la riqueza de los ornamentos, la curiosidad de la Musica, la policia en el culto divino, la celebridad de las fiestas, la estima de la confession, la reverécia del SS. Sacraméto en los pueblos de los Indios, y el medio muy eficaz para mejorarse en la Religió Christiana, esta en tener buenos Curas, santos diligétes, y dotos, especialmente en Theologia. Porq es engaño muy grande dezir, y entender, q no es menester para entre los Indios, Theologia, q es phrase y lenguage, que à corrido mucho en el Piru. Pues como dixo admirablemente S. Hieronymo, q el A.B.C. y deletrear de la Cartilla enseña mejor, y diferenteméte vn hombre letrado, q el, que no sabe mas que aquello. Y para enseñar lo poco haze mucho al caso, que sepa el maestro mucho. Quanto mas que no se yo, que cosa ay mayor, ni mas profunda, que los mysterios de nuestra santa Fè, ni mas dificultoso, que dalles a entender de suerte, que hagan concepto de ellos, los que tienen hecho el entendimiento a cosa tan materiales, y rateras? Bien entendida tienen la importancia de este punto, donde se cifran todos los demas assi los señores Prelados por razon de su oficio, como el Señor Virrey por el patronazgo, eligiendo entre muchos que ay buenos, los que entienden ser mejores, sin aceptacion de personas, ni dar lugar a intercessiones, promoviendo, y premiando a los que an trabajado entre Indios, y dello pudiera traer si fuera, menester, muchos, y muy particulares exemplos.

Algunas vezes se me à ofrecido, que si fuera en estas partes para la elecion, y promocion a las prebendas, y beneficios Ecclesiasticos, el aver trabajado en la enseñança, y dotrina de los Indios, condicion, como dizen

zen, *sine qua non*, o por lo menos circunstancia, muy aventajada, y previle-
giada, que avria mas hombres dotos que se dignassen, y no tuviessen por
caso de menos valer, aprender la lengua, y los que la saben por avella ma-
mado, se animarian a estudiar mas de proposito, hasta salir aventajados en
Theologia, y a continuar el estudio, y gustar mas de los libros.

Grandemente ayuda para que los Curas sean los que hemos dicho, y
los que deven ser, el que sean tales sus Visitadores ordinarios, y muy zelosos del bien de los Indios. Y importaria supiessen bien la lengua, pues
llevan orden como se dixo en su lugar, de ver si la saben los Curas, y de
registrar, y rubricar los sermones, q̃ an predicado, y an de tener escritos.
Y que en todo quanto pudieren hóren, favorezcan, y acrediten a los buenos Curas, no solo en sus pueblos, sino mucho mas con sus Prelados. Pues
quanto favor se les puede hazer, y quanta honra se les puede dar, y quanto interes se les puede acrecentar es poco, para lo que merece el trabajo,
la solicitud, y cuidado, y aun el peligro de la vida, que tienen los buenos
Curas, acudiendo de dia, y de noche a las obligaciones de su oficio. Y assi es cierto que en ellos estan cifrados todos los demas medios, y remedios de la Christiandad de los Indios. Veamos el estado en que estan el
dia de oy, y los dexa el Señor Principe de Esquilache, que esta de buelta
para España.

El estado en que estan los remedios de la extirpacion
de la Idolatria en este Arçobispado, a princi-
pio de Quaresma de 1621.

CAPITVLO XVIII.

E N este Arçobispado, donde se á puesto tanto calor para des-
raigar la Idolatria, toda via faltan algunos pueblos, y no pocos por visitar de primera instancia, y muchos como se á dicho, estan visitados segunda vez. Y avra tres semanas que se
partieron tres Padres para acompañar al Maestro Iulian de
los Rios, que estando en la Provincia de los Checras en su Dotrina bien
descuidado de ello, se le embió titulo de Visitador, para la Provincia de
Chinchacocha, y otras partes, por la satisfació, que se tiene, de que lo ha-
rá como deve. Del sucesso de esta mission no se puede escrivir hasta aora,

N 3 mas

mas de que fe efpera tendrà buenos fines , pues tiene trabajofos principios. Pues ayer fe recibiò carta de los peligros , que Dios nueftro Señor
les librò en los caminos, cayendo vno de los Padres dos vezes, y quedan-
do la vna colgado del eftrivo debaxo de la mula en vna ladera muy an-
gofta , y la mula de otro Padre, que iva a pie , y la llevava de dieftro, fe le
defpeñò vna cuefta abaxo. Cofas fon eftas tan ordinarias, que no nos ponen admiracion.

El dia antes, que falieffen los tres Padres fobredichos , falieron otros
dos a acompañar al dotor Alonfo Oforio, para que continuaffe la revifita
del Corregimiento de Huarachori , que efta mas cerca de aqui de Lima, y la avia començado aora tres mefes, y interrumpido con las Pafcuas
de Navidad, y ayer efcribiò de doze leguas de aqui la figuiente.

O Y veinte y quatro de Enero concluy con efte pueblo. N. donde
los Indios del eftavan tan obftinados en fus Idolatrias, que cafsi
todos avian buelto à reincidir , y hazer las fieftas de fus Huacas
que antiguamente, y avian quitado de las Huacas antiguas todas las Cruzes. Tenian ocultos veinte Malquis que è hecho quemar , y tres Huacas
principales , confultavan fus Sacerdotes , de los quales avian quedado
ocho. Los dos fe fueron a effa Ciudad, è embiado a bufcarlos, los feys ex-
hibieron fus Conopas , y piedras con que hechavan fuertes. Confeffaron
fu delito, condeneles a la cafa de fanta Cruz. Ha fido bien menefter el
ayuda de los Padres, para defcubrir, lo que fe à defcubierto. La relaciò de
todos embiaremos, y de las nuevas Huacas q̃ fe an hallado , y cofas inau-
ditas en acabando con efto. Solo dirè aora. Que en efta Provincia de Huarochiri , y en todos fus pueblos , fe haze vna fiefta y junta , que llaman la
Huatanchana, a la qual fe juntan todos, hombres, mugeres y niños. Ha-
zefe por el mes de Mayo, o Iunio, y dura tres dias. En la qual fe refieren
las faltas, en que an caido los Indios aquel año, afsi de mitas, como de no
obedecer a los Curacas , y otras de no trabajar, y fer araganes de no acudir a fus Huacas . Y el facerdote mayor tiene en la mano vn açote de vn
hilo de lana delgado , y aviendo hecho facrificio de Llamas a Chaupina-
moc hermana del Idolo Pariacaca celebres en efta Provincia , los açota
con aquel hilo , y quedan abfueltos. Las particulares ceremonias defta
fiefta, y otras muchas cofas efcribirè en otra ocafsion, &c.

En recorriendo efta Provincia, fe à de paffar la vifita, y mifsion a la de
los Huamalies, q̃ es la poftrera defte Arçobifpado, y muy necefsitada de
remedio

remedio. Començola a viſitar el año paſſado el dotor Hernando de Aven-
ſaño. Deſpues de eſta Provincia ſe viſitaràn las demas deſte Arçobiſpado,que faltan por viſitar,que ſerà trabajo de algunos años.

Aora comiença a viſitar los Indios de eſta ciudad de Lima, el miſmo dotor Avendaño, que eſta ſemana à tomado poſſeſsion del Curato de eſta Cathedral. Y aunque ſe entiende, que por ſer eſta ciudad, como lo es, la cabeça de todos eſtos reynos,y el centro y coraçon de toda la
Chriſtiandad de ellos, no avra tanto que remediar,como en otras partes,
tambien ſe teme que no avra poco, y en ſu contorno algo mas , como el
tiempo lo dirà,y la experiencia lo va enſeñando.

Para que no aya dificultad en continuar las miſsiones , ſe conſerva todo el avio neceſſario de mulas, y lo demas que al principio diò ſu Excelencia del Señor Virrey, y ſe repara con las limoſnas que va dando, y aſsi
andan de ordinario ſeys Padres en miſsion.El Señor Arçobiſpo tambien
à ayudado para ellas dando buena limoſna, para que ſe compren Roſarios,y Imagines, y otras coſas de devocion, que ſe reparten entre los Indios en las miſsiones. Llevan los Padres todas las vezes de ſu Señoria para muchos caſos,que ſe ofrecen. Y los Viſitadores muy amplas comiſsio-
nes, y proviſiones de ſu Excelencia, para que en todas las ocaſiones, que
fueren meneſter ſe les dè el auxilio de la Iuſticia ſeglar, ſo graves penas
ſino lo hizieren. Y para que embien a la caſa de la recluſion los Indios
mas perjudiciales a la coſta y quanta, que la proviſsion dize, y para embiar todos los hijos de los Caciques, que tuvieren edad competente a ſu
Collegio.

Llamaſe eſte Collegio del Principe , no tanto por avelle dado principio el Principe de Eſquilache, quanto por avelle pueſto debaxo la pro-
tecion,y amparo de ſu Alteza del Principe nueſtro Señor D. Philipe,que
viva largos, y felices años, y tiene por Patron en el cielo al B. P. Franciſco de Borja, como ſe contiene en ſus Conſtituciones, y en la Proviſion
de ſu Fundacion. Ay en el al preſente cerca de treinta hijos de Caciques,
con el habito y traje, que ſe dixo en ſu lugar. Duermen y comen en comunidad, leyendoles a la meſa, y aſiſtiendo y comiendo con ellos el Padre Rector de toda la caſa, que lo à ſido de diverſas caſas, y Collegios
principales de la Compañia, en eſta Provincia, y tenido los principales
oficios de ella. Tienen vn hermano de la Compañia,que les enſeña a leer,
eſcrevir,y contar,y maeſtro de capilla,que les enſeña a cantar, porque ay
en eſta Ygleſia muchos y muy dieſtros Indios muſicos, aſsi de voces como de muchos inſtrumentos. Conforme a eſtas ocupaciones tienen to-

das

das las horas del dia repartidas, y sus platicas y conferencias acomodadas a su capacidad, y edad, de las cosas de la dotrina, afsi las que tocan a los myfterios de la Fè, como a buenas coftumbres, y sus horas para Miffa, Rofario, y Examen de confciencia, y otras devociones, y sus dias señalados para difciplina, y para confeffar, y comulgar. Induftriandoles y enfeñandoles en todo, y por todo conforme al fin que fe pretende. Aunque fe cojera el fruto principal, quando eftas tiernas plantas vengan a fer arboles, tambien fe goza alguno al prefente aunque fea de flores. Como lo que dirè aora. Vn Cacique de aqui cerca avia criado vn hijo fuyo, y vnico heredero con tanta defemboltura, que no caufará menos laftima, que admiracion fi fe fpecificará. Para que embiafe el hijo al Collegio fue menefter por orden del Virrey traer a fu Padre prefo. Dentro de pocos dias con poco achaque, y muy grande intercefsion le tornò a llevar, y porque no bolvieffe, le casò, fin tener, a lo que entiendo, catorze años. Mandò fu Excelencia, que bolvieffe al Collegio, aunque eftuvieffe cafado. Eftava el muchacho tan infolente, y rebelde que fue menefter hechalle vnos grillos. Fui yo a interceder por el, y dixo el P. Rector, que le quitaria los grillos quando fupieffe la dotrina, porque no fabia palabra de ella, y en quatro, o cinco dias fupo muy bien toda la dotrina, hafta ayudar a Mif-fa, &c.

En la cafa de fanta Cruz, que firve de reclufsion para los mas perjudiciales maeftros, y miniftros de Idolatria, ay al prefente cerca de quarenta los mas fon muy viejos. La cafa efta hecha muy depropofito, y muy capaz para tener muchos, no falen fino es los dias de fiefta a Miffa, y Sermon en procefsion con fus Fifcales, aqui les enfeña cada dia vno de nueftros Padres la dotrina. Dafeles por orden del Virrey muy fuficientemente de comer; porque aunque tienen muchos tornos armados para hilar lana, que es oficio facil y muy vfado de los Indios, para que ganan fu comida, es muy poco, para lo que gaftan, porque trabajan los que pueden, y lo que quieren.

Tiene vn Efpañol hòbre honrado, y de confiança cuidado con lo temporal de efta cafa, de repartilles la comida, y la lana que an de hilar, y cobrar lo que an hilado, y que los enfermos fean curados, y que los fanos no fe huyan, que algunos, y no pocos lo an hecho, con fer las paredes bien altas, y intentado algunas vezes romper las paredes con fer bien anchas. Los que vienen aqui por tiempo limitado, falen quando fe cumple, los demas, quando fe entienden que eftan efcarmentados, emendados, y enfeñedos. Pero como los mas fon tan viejos, que pafan de ochenta años, an

muerto

muerto muchos, defpues de aver recebido los facramentos que no es pequeña feñal de fu predeftinacion. Algunos de eftos eftando en efta re-
clufion tocados de Dios nueftro Señor manifeftaron las Huacas, que
avian dexado encubiertas en fus pueblos, y las declaraciones tengo en
mi poder. Otros an fido citados defde fus tierras, para que dixeffen donde las avian dexado, como fueron dos de quien efcribió el Licenciado
Rodrigo Hernandez Principe, para que aca les hablaffen, y defengañaf-
fen, y puñeffen en camino de falvacion, porque los de fu pueblo les acu-
faron, que avian dado vnas Huacas, y dexado de manifeftar las principales. Y aver cinco de Febrero, otro Indio de eftos viejos viendofe enfermo, y defauciado, fin efperança de vida llamó vn Padre de los nueftros, y
le dixo, que tomaffe por efcrito todo lo que avia dexado encubierto, que
pertenecia a fus Huacas, porque queria morir como buen Chriftiano,
&c. Y entre otras cofas dize, que la cafa donde eftavan los Idolos, y la
plata que tenian, fueffen para el Santifsimo Sacramento, y que de vna
piedra que efta alli muy labrada fe hizieffe vña pila de agua bendita, y efta memoria la tengo yo en mi poder, para dar avifo a quien la à de executar. Y è dicho eftas cofas particulares, para que fe vea quan arraigado tienen eftos viejos el amor de fus Huacas, y quánto importa facallos de donde hazen tanto daño.

Antes que acabe efte capitulo me parece, que hiziera agravio a la razon, y a la verdad fi callara. Que quien da calor, como fe tocó al principio, a todo lo que pertenece al augmento de la Chriftiandad de eftos Indios, y quien fomenta todos los medios fobredichos, que fe endereçan
para ello, es el Dotor Alberto de Acuña Oydor de efta Real Audiencia.
A quien como a tan zelofo del bien de los Naturales, y intelligente del
govierno defte Reyno, le remite fu Excellencia las mas de las cofas, que a
efto tocan. El propone los medios, que parecen convenientes, allana las
dificultades, que fe ofrecen, fatisface a las dudas, que perfonas graves, por
no eftar enteradas de la verdad, le reprefentan, refponde a las objeciones,
y aun calumnias, que contra ello fe levantan. Suya es la ordinata de las
conftituciones, y fundaciones de los Collegios fobredichos, y la de muchas y varias provifsiones, que fe an defpachado en diverfos tiempos, y
la de muchas cartas, que fe an efcrito a todos los Prelados de eftos Reynos, a los Corregidores, y Caciques, y a otras perfonas. Vifita muy de ordinario el Collegio de los Caciques, cuidando con mucho amor de lo
que an menefter defcendiendo a cofas muy particulares, y menudas como fi cada vno de ellos fuera fu hijo. Y no es mucho, que haga efto con

O los

los Caciques, quien lo haze con los Hechizeros, vifitandoles tambien a menudo con el mifmo cuidado, y folicitud, inquiriendo fi fe les acude con lo que an menefter, y preguntandoles con mucha humanidad fi les falta algo. Atropellando muchas vezes negocios muy graves, y ocupaciones de importancia de fu cafa, y de fu oficio por acudir a eftas cofas por trabajofas, y enfadofas que fean, fiendo como fon del fervicio de nueftro Señor, de quien folo fe deve efperar el premio, que merecen.

Efte es el eftado en que eftan las cofas de la Chriftiandad, de los Indios en efte Arçobifpado veamos, como eftan las de las otras partes fuera del, y en lo reftante del Piru.

Del eftado en que eftan las cofas de la Chriftiandad fuera de efte Arçobifpado, en las demas partes del Piru.

CAPITVLO XIX.

Vien uviere leydo la relacion fobredicha, efpecialmente fi fueffe fuera de eftos Reynos, me parece que confequentemente defearia faber, el eftado que tiene la Chriftiandad, en las demas Provincias, y Obifpados fuera defte.

Aunque en vna palabra fe puede dezir, que fi la mejor parte, y la mas cultivada es la que tenemos prefente, y efta vifitada, o fe va vifitando, y efta tal, qual queda vifta, facilmente fe dexa entender qual fera todo lo demas. Pero para que mejor fe entienda, haziendo la cuenta como dizen, por mayor, y tomandola vn poco atras digo. Que efta quarta parte del mundo, q̃ llamamos America en honra, y memoria de Americo Vefpucio fu defcubridor, dexando a parte muchas y grandes Iflas, que eftan antes, fe divide en dos partes principales de tierra firme, la vna fe llama Nueva Efpaña, o Reyno de Mexico, la otra es efta del Piru. Cada vna de eftas contiene muchos Reynos y Provincias, pobladas de varias y diverfas naciones, vnas mas, y otras menos barbaras, otras mas, y otras menos politicas. Dividenfe entre fi eftas dos partes por el eftrecho de tierra, que con nombre Griego vfado tambien entre los Latinos, llamamos Ifthmus. En el qual de la parte del mar del Norte efta la Ciudad, y

Fuerte,

ſuerte, que ſe llamò Puertobelo, porque lo es, y en la parte deſte mar
lel Sur eſta la Ciudad de Panama ennoblecida con Audiencia Real, y Si-
la Epiſcopal, ſituada en ocho grados poco mas, o menos de latitud a la
parte del Norte, y ochenta y cinco de longitud.

Tiene eſte eſtrecho de Puertobelo a Panama diez y ocho leguas, por
londe ſe camina por tierra, y ſubiendo por el rio de Chagre, que deſagua
en el mar poco arriva de Puerto bello, haſta el ſitio que llamamos de Cruzes, quedan ſeys leguas de tierra haſta Panama, y no interveniendo eſte
eſpacio, quedaran hechas dos grandes Iſlas cercadas del mar, Nueva Eſpaña, la qual dexamos al Norte, y eſte gran Reino del Piru. El qual corre
leſde Panama, enſanchandoſe deſde cinquenta grados de longitud por
lõde ſe eſtiende la coſta del Braſil, y antes de eſte Reyno, que pertenece
i la corona de Portugal, por las coſtas largas, que corren haſta donde de-
embocan dos de los mayores rios del mundo, el de Marañon, y el de
Orellana en el mar del Norte, y deſpues del Braſil, por la coſta d Buenos
aires haſta el grãde rio de la Plata, y toda la demas coſta, que va corriendo
haſta el eſtrecho de Magallanes. Y por la coſta de eſte otro mar ſe dilata
haſta ochenta y nueve grados de longitud, por la parte mas ancha, que es
a coſta de Truxillo, en altura de ocho grados, y a corriédo por toda eſta
le Lima, que eſta en doze grados y medio, y es lo mas poblado de todo
el Piru. Y en altura de treinta y cuatro grados en adelante, donde cae el
Reino de Chile, ſe va eſtrechando eſte nuevo mundo, que ſe deſcubriò de
noventa años a eſta parte, hazia el eſtrecho de Magallanes, el medio del
qual eſta en ochenta grados poco mas, o menos de longitud, y ſe prolon-
ga haſta cinquenta, y tres grados de latitud, o altura deſte Polo Antarti-
co. Eſtos ſon los terminos por vna parte, y por otra deſte ampliſsimo
Reyno, de cuyas coſas tan varias, y extraordinarias, aſsi naturales como
morales, aunque eſta eſcrito mucho, ſe podia hazer vna muy larga, y no
menos guſtoſa hiſtoria.

Caſi por medio del van corriendo de Norte, a Sur deſde ſu principio
haſta el eſtrecho de Magallanes altiſsimas Sierras, que aca llamamos la
Cordillera, enſanchandoſe vnas vezes mas, y otras menos, haziendo en
vnas partes valles muy fertiles, y calientes, y en otras grandes llanadas
muy frias, y en otras montes, de temple mas frio, que llamamos Sierras.
Ʋ en parte ſuben tan alto, que muchos eſtan ſiempre nevados, y otros que
lamamos Punas, no ſirven ſino para paſtos de Venados, y Bicuñas, que
ſon como cabras monteſes, de cuya lana ſe hazen los cumbis tan finos,
que pueden competir, con los damaſcos de Europa, y en cuyos buches ſe

hallan

hallan las piedras Bezares. La parte que cae destas Sierras hazia la mar del Sur, que comunmente llamamos los Llanos aun que no lo son, mas que en el nombre, es la mas poblada de Españoles. Y los Indios de ella son de mas fuerças y brio, que los de la Sierra.

Todas las Provincias, que contiene esta cordillera, y sus vertientes hazia la mar del Sur estan pobladas de Indios Christianos, o por hablar mas propriaméte baptizados, y de la misma manera está otrasProvincias, ỹ caen de la parte de la Cordillera, cuyas vertiétes van a la mar del Norte. Pero a pocas leguas ay grandissimas montañas, y arboledas, aunque en tierra, no tan doblada como la de la Sierra, y en muchas partes grandes llanadas, que llamamos Pampas, y comunmente lo vno, y lo otro los Andes, poblados de diversas naciones, donde no a entrado la luz del Evangelio. Muchas vezes salen de alla los Indios a rescatar, y trocar cosas con los Españoles, y Indios Christianos. Y assi toman los nombres aquellas Provincias de las Ciudades ỹ cõfinan con ellas, como los Andes de Chuquiavo. Dõde en la Provincia de los Chuchos, mataron los años pasados al P. Miguel de Vrrea de nuestra Compañia, que vino a estas partes, entre los que venimos, el año de mil y quinientos y ochenta y quatro, y avia entrado a predicar aquellas naciones. Cerca del Cuzco, y tambien de Guamanga ay otras entradas a los Andes, por donde intentaron entrar otros dos Padres de nuestra Compañia, a la conversion de aquellas naciones, y despues de muchos trabajos salieron sin aver conseguido su intento. La ciudad de Guanuco, que esta tambien a la vertiente del mar del Norte, y es deste Arçobispado, y se entiende ser vno de los mejores temples del mundo, y tan vniforme en frio, y calor, que el arbol tiene siempre fruta en todos los estados, que la puede tener, en flor, quaxada, mayor, y madura, y junto donde estan, segando el trigo estan sembrando otro, y otro esta en berza, confina con los Indios Panataguas. Y algunos de ellos vinieron estando yo en mission en la dicha ciudad, pidiendo que les bautizassen a ellos, y a sus hijos. La Provincia de los Guamalies, que es tambien de este Arçobispado, confina con los Indios Carapachas, que salen muy de ordinario, especialmente a la fiesta del Corpus a los pueblos de los Christianos, y sacan de alla varias cosas, que no ay aca fuera. Estando visitando el pueblo de Huacaibamba, el dotor Hernando de Avendaño este año pasado, salieron diez y ochos juntos, y con ellos vna India, que se avia criado en Guanuco, y sabia la lengua Española. Pedian que los hiziessen Christianos, y que fuessen alla Padres, y harià Yglesias. Catequizolos, por interprete, porque no sabian la lengua comun, el Visitador, fitador. Y dandoles noticia de los myfterios, de nueftra Fè, y particularmente de la inmortalidad del Alma, y de la Gloria eterna para los buenos, les diò a todos tan grande contento, y alegria, que faltavan de plazer con tan particulares mueftras de regocijo, y Iubilo dando palmadas y hablando en fu lengua, que preguntandole el Vifitador al interprete, que porque hazian aquello los Indios, dixo que por la alegria, que fentian de que fus almas no avian de morir, y que fi fueffen buenos Chriftianos yrian al cielo.

Pocos mefes antes fiendo Cura en efte mifmo pueblo, el Licenciado Miguel Rubio entrò, por efpacio de tres jornadas en compañia de otros Indios que avian falido de alla, parte de camino fue a pie, y parte le llevarò en hombros. Eftuvo con ellos tres, o quatro dias, y dos Indios principales le dieron dos hijos fuyos de hafta edad de 15. años, para que les enfeñafe, y bautizaffe. El vno fe murió acabo de poco tiempo, aviendole bautizado, y el otro truxo a efta ciudad de Lima, y yo le tuve en efta cafa, y en poco tiempo avia aprendido la lengua general de los Indios, y con ella la dotrina, y cayendo enfermo el mifmo dia, que le bautizaron, fe murió, con mucho contento, y alegria, porque dixo, que fe iva al cielo. Tiene Dios mil traças para el bien de fu predeftinados, y en mil fucceffos las efperimentamos cada dia.

Con la Provincia de Chachapoyas, y Moyobanba confinan tambien muchas naciones, y fe à intentado eftos años el poblar entre ellas. Con el Obifpado de la ciudad de Quito, que con eftar debaxo de la linea tiene mas frio, que calor, confinan tambien otras muchas naciones. En la de los Cofanes mataron, no a muchos años al P. Rafael Ferrer de nueftra Compañia, que avia entrado a dalles noticia del Evangelio. A efte modo eftan otras muchas, y varias naciones, de quien fe tiene noticia, aunque no eftan del todo defcubiertas, que corren por muchas leguas entre lo que efta defcubierto, por la parte del mar del Norte, que es la cofta del Brafil, y lo demas, que diximos arriva, y la Cordillera fobredicha, que và atraveffando todo el Peru. Pero donde ay mas, y mas faciles entradas a diverfas naciones, es por la Provincias del Tucuman, y el Paraguay. En efta fe juntaron los años paffados, algunos Padres, que vinieron del Brafil, con otros de efta Provincia, y andubieron mucho tiempo enfeñando todas aquellas naciones. Al prefente ay vna Provincia de la Compañia diftinta de efta, que contiene las cafas, que ay en Chile, Tucuman, y Paraguay. An reducido en ellas a muchos millares de Indios, a la Religion, y Yglefia Chriftiana, y los conservan con muchos trabajos, y en efpecial con eftre-

Q 3   mada

mada pobreza, de que se pudiera dezir mucho, pero quien lo à de galar-
donar, lo sabe. Por aquellas partes se van descubriendo muchas naciones,
y no menos por la governacion de santa Cruz de la Sierra, que podemos
dezir, *Rogate Dominum messis, Vt mittat operarios in vineam suam.* Cassi en
tre esta Provincia, y la tierra tan nombrada de Potossi, estan los Indios
Chiriguanaes, que no dan poco en q entéder. Pues de mas, de que no son
Chriistianos, estan tan atrevidos, y insolentes, que viven con recato, y temor los comarcanos, por las entradas, que hazen en mucho perjuicio, y
afrenta de los Españoles. Como se vió el mes passado, en la que intentaron
por los valles de Pazpaya, y Pilaya. Contra quien salió el mismo Corregidor de Potossi con docientos hombres, para atajalles, y tenelles el
passo, y en caso que intentasen passar delante les hiziesse retirar.
   Por la parte del nuevo Reyno, dõde esta el Arçobispado de santa Fè,
tábien la mima necessidad, que por aca. Verdad es que los años passados
les quitaron todas las Huacas, y Idolos que tenian, y eran muchos y muy
diversos. Y trabajó en ello por su propria persona, el Señor Arçobispo
Don Bartolóme Guerrero, que a presente lo es desta Ciudad, y entonces
lo era de santa Fè. En el Obispado de Quito, tambien se entiende que
ay inmensas necessidades. Y para prueva de esto, no quiero al presente
mas testimonio, que dos cartas, que tengo en mi poder, de vn Indio Governador de vnos pueblos, q por averse criado en esta ciudad tiene el co-
nocimiéto, que deve de las cosas de nuestra Religion Christiana, y abor-
recimiento de los engaños de los Indios. Que son los mismos, que yo hallè, y esperimentè en los pueblos de esta costa, con estar de donde se escrivieron las cartas, mas de docientas leguas. Escrivió la carta en Español,
y de muy buena letra, y la pondrè sin añadille, ny mudalle palabra en la
nota. Esta escrita al P. Ioan Vazquez Retor del Collegio de los Caciques,
y esta semana vino a mis manos. Despues del primer capitulo de cumplimiento, y cortesia dize.

LO segundo, que me movió a escrevir esto, es por descargar mi
conciencia, y procurar que por mano de V. P. se castiguen los er-
res, y hechizerias, y Padrejonerias (llaman en aquella Provincia
a los Hechizeros, y maestros de Idolatria Padrejones, como en la de Gua
manga Licenciados) q en este mi Govierno ay. Que es lastima; y cõpas-
sion de ver, que si algun pobre Indio tiene palabras con vno destos, dentro de breve tiempo lo matan, y no se remedia por ningun caso, que todo
lo hazen noche, y se salen con quanto quieren. Y pues V. P. es tan Christiano

ftiano, procure defpachar provifsion, para que fe lleven alla, donde eftan los demas de efta fecta, porque como digo todos los Naturales claman a Dios, que remedie efto.

Es cofa tan cierta que el Indio, que le à hecho mal vno deftos, le vè claramente eftandofe muriendo, y dize. Quiten me a Fulano, que efta junto a mi, y efto fin aver nadie, fino fus deudos, y parientes. Y como fu Governador doy a V.P. quenta, y los nombres de algunos, fon los que fe figuen fin otros muchos, que ay para que precifamente los mande llevar, fin mas informacion, porque fi fe haze, fe harà todo noche, con ruegos, y befamanos, porque fon los mas Indios muy ladinos, y criollos de efta ciudad, &c.

Luego va nombrando los particulares, y de vno dize, que à muerto a los mas Indios de fu pueblo. Y defpus de algunos dias efcriviò otra en la mifma razon.

Por otra parte defte Obifpado, que es por cerca de la ciudad de Iaen, q̃ efta como en quatro grados de altura de efte Polo, à hecho de dos Años a efta parte vna entrada con gente el Governardor don Diego Vaça, a las Provincias de los Indios Mainas, Iibaros, y Cocamas, que vienen a caer en las riberas del rio Marañon, y tiene defcubiertos muchos millares de Indios, y pacificos algunos de ellos. Y por fer tierra rica de oro tiene buena puerta abierta la converfion de efta Gentilidad. Porque aca pocos ay, que quieren entrar a los Gentiles, fino es por puerta de Oro, o Plata.

En tres Arçobifpados, y diez y feys Obifpados eftan divididos todos eftos Reynos, y Provincias del Peru, y de pocos años aca fean erigido algunas de eftas Yglefias. La principal que es efta de Lima, que no a tenido mas que dos Prelados, y el prefente, que viva muchos años, es el tercero, fe erigiò en 22 dias del mes de Henero de mil y quinientos y treinta y cinco, que fue quando fe echò la primera piedra en la fundacion de la ciudad. En eftos ochenta y cinco años a crecido tanto, que puede competir en todo con muchas de Europa. Porque aunque la gente no es mucha, pues no tendra mas que cerca de doze mil Efpañoles venidos de Efpaña, y nacidos aca, y cerca de onze mil Negros afsi los que cada año vienen de Guinea, como los que aca nacen. y Indios pocos mas de dos mil, fuera de otras mezclas, que fe an hecho deftas tres naciones, que fon muchas, y varias fegun participan mas, o menos vnas de otras llegarán todos a cerca de treinta mil perfonas.

Tiene muchas cofas, que la hazen muy illuftre como la afsiftécia continua del Virrey, y Chancilleria, y el fer Metropoli, y Primado de eftas partes,

partes, tener tribunal de la Inquificion con tan gráde diftrito, tener Vni-
verfidad, que es la vnica de eftos Reynos, Y aunque los eftudiantes no
fon muchos, reípeco de otras Vniverfidades, pero a la calidad, y numero
de los del clauftro creo que llegan pocas Vniverfidades, de Europa pues
tiene el dia de oy cerca de noventa Maeftros, y Dotores. Diez Conventos tiene efta ciudad de Religiofos, cinco de Religiofas, que ay pocos en Efpaña como ellos, feys Hofpitales, y dos de ellos, vno de Efpañoles, y otro de Indios; excelentes en todo, cinco, o feys Parochias, fin
otras Ygleñas particulares, que fon muchas. Tres Collegios de eftudiantes, que folo el primero, que de ellos fe fundò, que es el de fant Martin,
tiene cerca de docientos eftudiantes, de lo principal de todos los Efpañoles del Reino, y los ochenta eftudian Artes, Theologia, o Canones.
Dexo a parte la Nobleza, y luftre de la gente, el Cabildo, y Regimiento
tan principal, los tratos tan gruefos de los mercaderes, por fer efte el em-
porio, y plaça de todas eftas Indias, y otras cofas grandes, que fe podian
dezir de fu grandeça. Afsi tégo por cierto de quáto yo è leido de Hiftorias, q̃ a avido pocas ciudades en el mundo, q̃ en tan pocos años ayan crecido tanto. Pero no es mi intento hazer hiftoria della, ny de las demas, fino folo advertir, que fi en los pueblos y Provincias, que eftan debaxo de
fu govierno immediato, ay la necefsidad de remedio, que emos dicho
qual ferà la de las otras partes mas diftantes?

Algo fe dixo en el capitulo nono, y para confirmacion de ello quiero
añadir la carta, que oy nueve de Febrero me efcrivió el P. Luis de Teruel
cuya es, la que efta en el capitulo fobredicho, y reducida en breve dize
afsi.

Ora que è vifto por mis ojos lo de por aca, hallo que los Indios
del Arçobifpado de Lima, que tanto ruido an caufado, fon vnos
fantos. Porque aúque las Huacas, y Hechizeros, que alla fe an defcubierto an fido, fin numero, an fido muy raros los, que an tenido trato
formal, y exprefo con el Demonio, y las ofrèdas fon de yerbas, y cofas de
burla. Porque aca mi Padre ay tan gran numero de demonios, Sucubos, y
Incubos, y tan familiar trato de los Indios con ellos, que ya no les tienen
miedo, mas que vnos Indios, a otros. Treinta y tres, o mas me dixo vn
Clerigo, que avia en vn pueblo con nombres conocidos, fin los que el no
pudo averiguar. Y dos Padres que avrà feys mefes hizieron mifsion, no
muy lexos de aqui, hallaron gran copia de ellos, y muy ordinario vfo de
facrificar a las Huacas niños, los quales efcojen en todo el pueblo, que no
tengan mancha, ny lunar, y libraron no fe quantos, que eftavan dedica-
dos

los para sacrificar los en la primera fiesta. Otros dos Padres salieron por otra parte, y escrivieron, que en cada pueblo avia vn millar de Huacas, y liofes Penates, todos los que lo ven claman por remedio, Dios nuestro Señor lo embie, &c.

Mucho mas adelante pasa la carta, pero esto basta para nuestro intento. Para remate y confirmacion de todo lo sobredicho, y de la necesidad que ay de las missiones, y visita en todas partes, y que será muy grande en las mas remotas, pues la experiencia muestra la que ay en este contorno de Lima, sumaré vna carta muy larga, que escrivieron quatro dias à de deciseys leguas de aqui los Padres, Rodrigo Davila, y Iuan de Cuevas, que andan con el dotor Alonso Osorio, de lo que van haziendo en la mission, de quien se dixo en el capitulo passado, y dize assi:

DE las dificultades, que tuvimos al principio de esta mission, conjecturavamos la importancia de ella. Lo comun y ordinario, que se à hecho en todos los pueblos es, con Sermones, Platicas, y Catecismos todos los dias, y a las noches con disciplina mientras se cantava el Miserere en canto de organo, disponer a todos los Indios, a que manifestassen las cosas, que tenian ocultas de sus Idolatrias. A sido de grande importancia ganar la voluntad a los Principales. Las confessiones an sido tan frequentes, que para comer no nos davan lugar, y con el bocado en la boca, bolviamos, al confessionario, porque la gente no se queria yr de la Yglesia hasta confessarse. An comulgado muchos, que parecia estavan bien dispuestos. Esto à sido en todos los pueblos, diré algunas cosas particulares. De bien lexos de aqui vino vna persona con desseo, de que le endereçasemos en el camino de su salvacion, y entre otros errores, de que quedó desengañada, y dixo que todos los de su pueblo estavan en el, era vno. Que quando el Sacerdote estava en pecado no dezia buena Missa, ny consagrava, y que assi muchos no querian oylla, y por esta razon, no la avia oydo en mucho tiempo. Para que se vea lo que importa el buen exemplo, y que es cierto. *Qui scandalizauerit ynum de pusillis istis, expedit, yt suspendatur molla asinaria, & demergatur in profundum maris.* Mientras que nosotros haziamos nuestro oficio, hazia el dotor Osorio el suyo, y con la experiencia eficacia, y sagacidad, que tiene, descubrió las Huacas que avian encubierto a otros Visitadores.

Halló la Huaca Huancarquirca, que estava en medio de la plaça de vn pueblo, y era la guarda del, otra llamada Chenacoto, que servia para el augmento del Maiz, y otra llamada Llaucapa, que era la que le criava.

P   Aqui

Aqui avia vna azequia llamada Sica, por la qual no dexava regar a nadie
vn Indio viejo, que la guardava, porque dezia era el agua de ella confa-
grada a fus abuelos, y que a el folo como a nieto fuyo, le era licito apro-
vecharfe del agua, para fus Chacaras, y a otro ninguno, no, hizofe el azequia comun, y el Indio fue caftigado.

En las ventanas de vna Yglefia hechamos de ver muy a cafo, que eftavan dos micos de madera, y fofpechando lo que era, fe averiguo, que los
reverenciavan, porque fuftentaffen el edificio, y tenian fobre ello vna larga fabula. No lexos de otro pueblo paffa vn rio, y diziendonos los Indios, que ivan con nofotros, que a tiempos venia tan caudalofo, que no
podia paffarfe, y que todas las puentes que hazian fe las llevava, y que af-
fi eftavan mucho tiempo fin ver Miffa ny Padre. Yedo en efto vimos vna
grande, y hermofa angoftura, que hazia dos peñas en el mifmo rio, y dif-
pueftas excellentemente, para poderfe hazer puente con mucha facilidad, y preguntandoles porque no la hazian alli, dixeron que tenian grande miedo, porque alli vivia el Demonio, y que fi algun Indio fe atrevia a
llegar fe moria luego, y que a vezes oyan truenos, y tambores, con que
los Indios eftavan tan temerofos, que ponia admiracion el ver las veras,
con que lo dezian. Apeamonos al punto, fuimos al lugar dicho, llevamos
los Indios con nofotros, pufimos vna Cruz grande, que truxeron del
pueblo, diximos vn Evangelio, y diofe traça con que luego fe hizieffe
puente, para que el Cura, y los Indios tengan paffo, aunque el rio venga
muy crecido.

En el pueblo de S. Francifco fe hallo vna Huaca, y tres Malquis que
eftavan en vn altifsimo cerro, y los avian encubierto al dotor Francifco
de Avila.

En S. Damian uvo mucho concurfo de confefsiones, y comuniones, y
algunos pocos Indios al tiempo de limpiar las azequias, hazian fiefta a
Ycacamar, que durava tres dias, ofreciendo Llamas, eftos fe caftigaron.

En el pueblo Topicocha, fe hallo la Huaca Huarihuacancha encu-
bierta al dotor Avila, que adoravan para el multiplico del ganado.

No fe hallo fuperfticion alguna en S. Bartolome de Soelliacancha, ny
en Santiago de Tumna, en efte pueblo efta enterrado el Indio, de quien
fe dixo en el capitulo primero. En el pueblo de San Hieronymo uvo
bien que hazer, por fer muy dados a la embriaguez. Treinta Cruzes
que avia mandado poner el dotor Diego Ramirez, donde avia facado
treinta Huacas, eftavan quitadas, mandaronfe poner, defcubrieron-
fe treinta Malquis, y vna Huaca principal llamada Yaromarca. Avian
                                                              tornado

rnado a hazer algunas fieftas de fu gentilidad. Quando avia yelos, lla-
avan a los que nacieron de pies, y a los que tienen partidos los labios, y
los que nacieron dos de vn vietre, y a eftos riñen los facerdotes, dizien-
oles, que por no aver ayunado a fal, y agi, avia yelos, y luego les manda-
in, que por diez dias ayunaffen al modo ordinario, y que fe abftuvieffen
e fus mugeres, mandavanles tambien que fe confeffafen de fus pecados
folas, y davanles por penitencia que fe lavaffen, y guardavan las demas
:remonias de fus confefsiones.

En vn pueblo eftava vna India, que por la mala vida que fu marido le
iva, fe avia hechado tres vezes en el raudal del rio defefperada, y el agua
hechava fiempre a la orilla, viendofe en ella, y penfando que delibera-
on tomaria, pues el agua no la queria ahogar, ny ella pafar tan mala vi-
i, como tenia, paffaron de repente dos Indias, y le dixeron como venian prefto los Padres, con lo qual fe animò, y diò quenta de todo a los
adres, y fe hizieron las amiftades entre ella, y fu marido.

En S. Iuan de Matucama, uvo gran numero de confefsiones defcubrie-
nfe, y quemaronfe cinco Malquis.

Si en alguna parte fe puede dezir parecia femana fanta por la frequen-
a de las confefsiones fue en S. Matheo de Huanchor, por aver en efte
ieblo gran numero de gente, y toda docil, y de buenos naturales. Def-
ibriò aqui el Vifitador vna Huaca llamada Huanchorvilca, que era de
edra muy grande, debaxo de laqual eftava el cuerpo de vn Indio llama-
ɔ Huanchor con dos hijos fuyos. Reverenciavan efte Indio, porque de-
an era de quien procedia el pueblo, quemaronfe, y hecharonfe las ceni-
s al rio. Tambien reverenciavan por Huaca vna piedra muy alta, que
ta en medio del rio, porque defde alli mandava el Inga defpeñar a fus
onjas, quando fe defcuidavan en materia de caftidad. Tambien reve-
nciavan otra Huaca llamada Huanchura, para la buena cofecha de las
menteras.

En Santiago de Carampoma fe hallò, que a la Huaca Carampoma (to-
os los nombres antiguos, de los pueblos fon los de la Huaca principal)
e por fer grande no fe avia defecho, aunque tenia Cruz encima, le avian
ecido facrificios, y fe hallaron los raftros junto a ella. Fuera del pueblo
ia vna capilla, y no parecendole bien al Vifitador, aunque tenia por
mbre la Magdalena, la mandò derribar, y en ella fe hallaron quatro Za-
mamas.

Hallaron en cafa de vn Indio defte pueblo vna piedra con algunos fa-
ificios, que todo eftava puefto en vna capilla, q tenia hecha; no à avido

P 2 remedio

remedio para que diga como se llamava la piedra , ny para que estos l
tenia, va condenado a la casa de santa Cruz donde quiça lo dirà. Tambier
se averiguò en este pueblo, que quando moria algun Indio llevavan la ro
pa de qve avia vsado de tras del difunto, quando le llevavan a enterrar er
la Yglesia , y sino la podian hechar en la sepultura con el cuerpo , la que
mavan luego. Quitavan los cabellos a los defuntos , y al cabo del año le
sacrificavan , y lo mismo hazian con los muchachos quando llegan a ta
edad. Hallaronse, y quemaronse diez Malquis.

En la dotrina de Casta se descubrieron algunas cosas , que ocultaror
al dotor Hernando de Avendaño, que fue el primero que la visitò. Entre
lo demas fueron dos Huacas, que eran marido, y muger, Anan llauto, y
Quican llauto, adoravanlos para que no faltasse el agua. Otra llamad:
Carvallacolla , que le tenian para el fruto de las Chacaras de Papas. Otr:
llamada Namocoya , y junto a ella enterrado vn Indio llamado Namoc
con dos hijos suyos, y se quemaron.

Vvo nueva que vna legua de aqui avia vna celebre Huaca llamada Ata
huanca, y que la guardava vn gran Hehizero , cogieron a este, y mandò e
Visitador , que fuesse luego con gente a traer la Huaca, salieron del pue
blo , y a poco trecho dexò descuidar la gente , y el se escondiò de mod
que aunque fueron mas de sesenta Indios , en su busca por diversas par
tes no pareciò. Entiendese que se echò al rio por no descubrir la Huaca
Estavan todos los del pueblo tan espantados, turbados, y confussos, qu
aunque les hizieron grandes amenaças, ninguno se meneava a querer y
viendo esta cõfusion, dixo vno de los Padres, que queria yr por ella. Fue
ron en su compañia tres Españoles , y muchos Indios. Empeçaron su ca
mino , que era vna cuesta muy fragosa, y sola para Vicuñas llegaron a pa
rage donde no podian yr a cavallo, por ser vn peñasco alto , y empinado
apeose el Padre cogiendo la Cruz , que llevavan para poner donde estav
la Huaca , se la echò a cuestas , y subiò de este modo mas de vn quarto d
legua, viendo esto los Indios se animaron , y subieron contentos, y dan
do gritos acompañando al Padre , y assi llegaron a lo alto donde hallaror
vna capilla buena, y grãde hecha de grandes losas, y encima de la que cu
bria la capilla estava vna piedra parada , de mas de tres quartas de alto , y
servia de guarda de lo que estava dentro , quitada esta , y otras losas, ha
llaron dentro de la capilla vn Idolo de piedra, no muy grande, pero vnta
do todo cõ Paria, y sangre de cuyes, y Llamas, hallaron mas onze piedra
pequeñas, y Hanas que servian de platos para los sacrificios, y assi estavar
vntados con sangre, como la Huaca. Todo se truxo al pueblo, y en mitta
de la

de la plaça fe quemò, y hizo pedaços, y eftos fe hecharon al rio, defde vna grande profundidad, mas de vna legua del pueblo fin que los Indios lo fupieffen, dóde eftarà en perpetuo olvido. Yendo elPadre efte viage hallô en el camino vna laguna, y en medio de ella vna figura de piedra delgada, y de mas de dos varas de alto puefta a mano. No le pareciò bien, y hablo de fuerte a los Indios, que le vinieron a dezir era Huaca, y fe llamava Quepacocha, y fervia para que la laguna no fe fecaffe, porque con fu agua regavan a tiempos fus chacaras. Al mifmo tiempo avia averiguado lo mifmo el Vifitador en el pueblo. En otro pueblo de efta dotrina eftavan dos Huacas, vna en la plaça en la pared del cimenterio de la Yglefia, y la otra en frente de efta, adoravanlas los Indios, porque dezian era la guarda del pueblo, Hizoffe de ellas lo que de las demas, y pufieronfe en fu lugar Cruzes.

Efto, y otras muchas cofas mas contiene la carta, y por ella fe puede conocer la importancia, y necefsidad de las Mifsiones, Vifita, y Revifita entre los Indios. Como la tiene entendida el Señor Principe de Efquilache Virrey de eftos Reynos, que no contento con aver dado todo el avio neceffario defde el principio de la Vifita, como fe dixo en el capitulo primero, para los feys Padres, que de ordinario andan en mifsion en efte Arçobifpado, tiene mandado que en los Obifpados defte Reyno, que tocan mas a fu Govierno, que feran Guamanga, Cuzco, Arequipa, Chuquiabo, los Charcas, fanta Cruz, y Quito, fe dè todo el avio neceffario de mulas, y de todo lo demas, y fe conferve en adelante para que puedan andar en mifsion tres Padres, que acompañe al Vifitador. Para que por falta de avio, como muchas vezes fucede, no fe dexe la mifsion, y eftar fiempre apreftado, no folo facilite, pero ineite a continuar, por mucho tiempo las mifsiones. Al Obifpado de Truxillo, que à pocos años, que fe defmembro de efte de Lima, porque hafta aora, no ay cafa de la Compañia en el, aviendola en todos los demas de las Indias, fe acudirà defde aqui, acabada la vifita primera defte Arçobifpado.

Ni faltan perfonas que movidas del defeo de fervir a nueftro Señor, quieran tener parte en efta obra, que tienen, y eftiman por cofa de tanta gloria fuya, ayudando para ella con fus limofnas. El dotor Hernando de Avendaño Cura que al prefente es de la Cathedral de efta Ciudad, por lo que à experimentado en las mifsiones, y vifitas que à hecho pareciendole que fera accepto a Dios nueftro Señor, da quatrocientos Reales cada año de limofna para ayuda a los gaftos de las mifsiones, con intento de acrecentalla, y perpetualla para en adelante. El racionero Miguel

guel de Boradilla con el mifmo afeto, y voluntad, y por el grande concepto ỹ tiene, del grande fervicio, que fe haze a nueftro Señor en las miffiones à ofrecido mas de quatro mil pefos de ocho Reales, para que fe he-
chen en renta, para ayuda a fus gaftos. Y aunqȝe me pidieron los dos que
no lo publicaffe, defeando que folo lo fupieffe Dios nueftro Señor, por
cuyo amor lo hazen, me pareció mas conveniente que fe fupieffe, para
que fe vea el concepto, y eftima que tienen de la importancia de las miffiones, Como fe vera en el capitulo figuiente, y vltimo de efte tratado.

De la importancia de las Mifsiones.

CAPITVLO XX.

Nas cofas fe llaman a otras, y aunque entendi no añadir a
lo fobre dicho nada, pues para el intento que propufe no
era neceffario, fe me ofreció, que podria fer, que le pare-
cieffe a alguno, que leyeffe efte tratado, que alabo mucho,
como dizen, mis agujas, teniendo tan botas las puntas, y los
ojos tan ciegos, refpeto de las de otros, que fon en todo, lo que fe deve
deffear. Y ỹ dixeffe alguno y no fin fundamento, ỹ parece que nos quere-
mos alçar los de la Compañia, en eftos Reynos del Piru con las mifsiones, y dar a entender, que folos los de ella fon los que trabajan en provecho de los Indios, y los que tienen zelo de fu converfion. Siendo como es
la verdad, que los primeros que en ella fe ocupáron, y a quien fe les deven
los principios de la Chriftiandad del Piru, fon a los muchos y grandes
Religiofos de las Religiones fagradas de S. Domingo, S. Francifco, San
Aguftin, y nueftra Señora de la Merced, que fon los que defde el defcu-
brimiento defte nuevo mundo, por los años del Señor de mil y quinientos y treinta y cinco, y de ay en adelante, hizieron afsiento en el, y los
poftreros que vinieron, y ya como a cofa hecha, y afentada, fueron los de
la Compañia de IESVS, treinta y tres años defpues, el año de 1568.

No fe puede negar que todas las demas Religiones an trabajado, y trabajan mas entre los Indios que la Compañia. Porque dexadó a parte que
en las principales Ciudades, y cabeças de Obifpados donde ay cafas, y
Conventos de eftas cinco Religiones, tienen los Indios en todos ellos
de ordinario quien les ayude, confieffe, y predique, y que acuden
indiferentemente los Indios donde ellos guftan, y hallan mas agafajo, y
experimentan

perimentan mas amor, y voluntad, en todas las Religiones tienen
s cofradrias, y de todos falen a predicalles. Como vemos aqui en Li-
a todos los Domingos, cafi a vn mifmo tiempo, en vna mifma pla-
en diferentes pueftos, aver quatro o cinco fermones de diferentes
eligiones, haziendo efta variedad vna muy agradable confonancia,
apacible vifta en los oydos, y ojos de Dios nueftro Señor, y de los
ombres. Tienen las otras quatro Religiones muchos pueblos de In-
os en Dotrinas, y Curatos a fu cargo en todos los Obifpados, y la
ompañia por los particulares refpetos y caufas, de que trata el P. Acofta
i fu libro de *Procuranda falute Indorum*, no tiene comunmente dotrinas,
omo las tienen las demas Religiones. En las quales, y con las quales cul-
van, y enfeñan muchos millares de Indios con la continuacion, diligen-
a, y folicitud, y aprovechamiento de los que tienen a fu cargo, que to-
os faben.

Por otra parte todos los de la Compañia, que con tanta cofta, y tan li-
ral merced de la Mageftad del Rey nueftro Señor, vinieron de Euro-
, donde cada vno tuviera mayor objeto, y materia en que emplear el fanto, o talentos que nueftro Señor le à dado, fino uviera aca Indios, en
ivo provecho fe emplearàn, ny vinieran de alla, donde dexavan mejor
npleo, ni llegados acà, tuvieran el confuelo, que nueftro Señor comuni-
a los que reparten el pan de la dotrina, a los pequeñuelos que le eftan
diendo Y lo mifmo fe puede dezir de muchos, y muy grandes fubjetos,
ie acà an entrado en la Compañia. Que el principal motivo fuele fer de
dinario para emplearfe en el bien, y provecho de los Indios, y fe fuele
irar, y eftimar por circunftancia muy particular, y agravante el faber la
ngua, o lenguas de los Indios, y fe antepone efte talento a otros, que
ielen eftimarfe, y tenerfe por muy luftrofos, y mas nobles.

Prefupuefta fegun efto efta verdad, que en nueftro comun fentir es
ara, y llana, fi los de la Compañia no firvieran, ny aprovecharan a los In-
os, mas que en enfeñar, y confeffar a pie quedo, a los que les vienen a
ifcar a fus cafas, y a los Indios del pueblo del Cercado, que efta extra
uros de efta Ciudad de Lima, a cargo de la Compañia, y a los del pue-
o de Iuli en el Obifpado de Chuquiavo, donde tienen quatro Paro-
ias, con el ornato, que todos faben, firviendo eftos dos pueftos, o refi-
ncias, como acà llamamos, donde ay tantos fubjetos, que viven en co-
unidad, y con fuperior, como en los demas Collegies, el vno para fe-
inario de lengua Quichua, y el otro de lengua Aymara, que fon las dos
nerales de efte Reyno, fino falieran a Mifsiones a bufcar por vnas partes, y

tès,y otras a los Indios, podiamos dezir, que se frustrava en grande parte el fin,y el intento de su vocacion,y que comen,como se suele dezir, el pan de balde.

Demas de esto entre otras cosas particulares que tiene, y otras que no tiene la Compañia de IESVS, por razon de su instituto, en lugar de otras muchas en que la exceden las demas Religiones,como son el particular cuidado de enseñar la dotrina a los niños,y gēte ruda,a que se obligan con particular voto los Professos, y el tener escuelas no solo para enseñar Grammatica, sino para enseñar a leer, y escrevir a los muchachos, tiene tambien el andar en missiones, como cosa muy propria, de su instituto, y como tal especificada en las Bullas de su confirmacion. Y assi el ofrecerse a ellas,y el estar dispuestos y preparados para yr,donde,y cada y quando, y como quiera que fueren embiados de sus superiores es tan proprio, y natural, que lo contrario fuera muy ageno, y estraño del instituto de la Compañia. Y en servirse los Principes Ecclesiasticos,y seglares mas de los de la Compañia en este ministerio, que de otros Religiosos, no es por querer favorecer a vnos,y desfavorecer a otros,ny por hazer mas confiança de vnos que de otros,sino por acomodarse a la vocacion de cada Religion,y sin sacar las cosas de su curso,procurar,que cada Religion sirva a la Yglesia, y aproveche a los proximos en todo lo que pudiere,sin que desdiga del instituto principal,para que fue llamada y escogida de Dios nuestro Señor.Y por ser el ministerio de las missiones de tanta importancia, para el provecho de los proximos como la experiencia enseña, no contentos los Superiores de las Religiones con lo que trabajan los suyos en los Curatos,y Dotrinas,y en otros ministerios con los Indios,an ofrecido a los Principes Seglares, y Ecclesiasticos,Religiosos de muy calificadas partes, para que ayuden en esta ocasion a la Extirpacion de la Idolatria,y en efeto an ido en cõpañia de los Visitadores,como esta dicho arriba,algunos, Pero como yr sin Visitadores se à hallado por experiencia que no cõviene por aora, ny tan poco conviene que los Visitadores sean muchos, para los que an ydo, y van, an querido los Principes hechar mano de los Padres de la Compañia, como gente mas desocupada y desembaraçada, y obligada por tantos titulos a este ministerio, y a servir a los Prelados,ayudandoles a llevar la grave carga, que de tantas almas nuestro Señor à puesto sobre sus hombros.

No obstante todo lo sobredicho an salido assi antes, como aora con maravillosos efetos algunos Religiosos solos a missiones entre Indios, como antiguamente el Padre Fr. Francisco, o Fr. Miguel Cano (porque
en el

(n el nombre proprio no convienen todos) de la orden de santo Domingo, de quien arriba se à hecho diverfas vezes mencion, y de pocos años a esta parte el Padre Fr. Francisco de Mendoça de la orden de S. Francisco, de quien fe quentan cosas muy particulares de mucha edificacion, y gloria de Dios nueftro Señor. Y aora actualmente an entrado en los Andes por la parte de Chuquiavo, a la Provincia de los Chunchos de quien fe dixo arriba, el P. Fr. Gregorio de Bolibar con otros tres Religiofos de S. Fracifco, y fueron recebidos de todos los Indios, con grádes mueftras de contento, y el Curaca, o Rey de aquella Provincia embiò fu proprio hijo con algunos Indios por rehenes a Chuquiavo, y los Religiofos que quedaron alla, embiaron a pedir mas Religiofos que les ayudaffen; y el Señor Obifpo de Chuquiavo, efcriviò fobre ello al Comiffario general. Cafi por el mifmo tiempo, o poco antes entraron a la mifma Provincia por diverfas partes de la orden de Señor S. Aguftin el P. Fr. Iofeph Garcia Cabello, y el P. Fr. Baltafar Buitron con otro compañero cuyo nombre no è podido faber, y admirados tambien, *in captura piscium*, an llamado mas compañeros, y eftan feñalados otros quatro de la mifma fagrada Religion, que vayan a ayudalles. Y en la Provincia de los Motilones, por los Chechapoyas entraron aora dos años el P. Fr. Melchor de Espinar, y el P. Fr. Rodrigo Torices lector que era de Theologia, y el P. Fr. Domingo Gonçalez, y eftan folos oy en dia entre los Indios, que cafi rehufan tanto, que entren Efpañoles foldados, quanto defean, que entren Sacerdotes y Religiofos, y de otras Religiones an entrado a otras partes de quien no tengo entera noticia.

Roguemos al mifmo Señor que es el dueño de toda efta hazienda, que embie a ella muchos obreros con efte fpiritu y zelo de acrecentar, y perficionar la Chriftiandad de los Indios, y de bufcar, olvidados de todo lo demas, folo fus almas. Que pueftos los ojos en lo que folo fe deve poner, que es la gloria de Dios que fe figue de que le conozcan, y firvan y amen los que no le amavan, ny fervian, ny conocian, ny los que por fu buena fuerte trabajan en efta empreffa, tendran por ociofos a los que por obediencia quedan en fu celda, en fu confeffionario, en fu pulpito, en fu Cathreda, o en fu Choro, endonde, y de donde pueden y fuelen ayudar mas con fus oraciones, en efta batalla fpiritual contra el Demonio, que los mifmos que andan con las armas en las manos en ella, como lo hizo Moifes peleando fu pueblo contra Amalec: ny los que quedan como dizen, a la fombra, y en fu recogimiento juzgaran las intenciones de los que falen al Sol, y a ocuparfe en minifterios donde ay tantas ocafiones, y caufas de

Q   diftracion.

diftracion, como fon las mifsiones. Porque haziendofe como fuponemos, que las an de hazer los Religiofos, que quieren parecello, y fello, fe exercitan en ellas en muy alto grado muchas, y muy excellentes virtudes. No puede el q̃ anda en mifsiones fin muy viva, y fervorofa fe defpertar la q̃ efta tan fria, tan tibia, y tan muerta en los que cõfieffo, catequiza, y predica. Porq̃ de pecho frio, y tibio no puede falir palabras vivas, y fervorofas. No puede fin grande efperança, y confiança en Dios vencer muchas dificultades, atropellar muchos impedimentos, y padecer muchos trabajos, fpirituales, y corporales, que cada dia fe le ofrecen. Ny puede acometellos, ny menos perfeverar mucho tiempo en ellos, *Nifi Charitas Chrifti vrgeat nos.* Menefter es mucho amor de Dios, y grande eftima de las almas redemidas con fu fangre para eftar vn dia, y otro dia quebrandofe la cabeça, catequizando, y confeffando a gente ruda, a pobres enfermos, y a viejos fordos, repitiendoles mil vezes vna mifma cofa, hafta que la perciban y hagan algun concepto de ella. No puede dexar de crecer la humildad, y paciencia entre tantos y tan continuos actos de eftas virtudes, pues no tienen los minifterios entre los Indios el gufto, y aplaufo popular, que muchas vezes fe bufca entre los Efpañoles. Que fortaleza a menefter para no defmayar, ny defcaecer, ny efpantarfe por los eftorvos que el Demonio ponga; para que no fe defencaftillen de la poffefsion que à tenido tiranizada tantos años? Que Prudencia para prevenir muchas cofas, para dar falida a otras, para fatisfazer a vnos, que no creen el mal que ay, refponder a otros que ponen en ello duda, y oponerfe a los que lo cõtradizen, efpecialmẽte fi fon perfonas pias, doctas, y poderofas?

Pues para exercitar la Templança, aunque no las bufque tendra mas ocafsiones que para regalarfe en tan afperos caminos, en temples tan defabridos, en vivienda tan incomoda, que quando buelven a fu cafa los Mifsioneros, lo mas incomodo, y lo peor de ella tienen por regalo. Pues que diré de las pruevas de la Caftidad, de los actos de Pobreça, de la necefsidad, tiempo, y materia que ay para la oracion mental, y trato familiar con Dios nueftro Señor, y de las ocafsiones que ay para exercitar todas las demas virtudes? Bien fe puede entender, y temer, que dexarà hecho poco provecho en los proximos, el que no viniere de la Mifsion con mas augmento en todas ellas, que llevava quando fue. Y los que con la gracia de Dios nueftro Señor en lila experimentaren, podran con verdad dezir, *Euntes ibant & flebant mittentes femina fua venientes autem venient cum exultatione portantes manipulos fuos.* Y entonces verdaderamẽte feran fuyos, quando uvieren grangeado, y mirado mas por fu bien fpiritual,

ritual, que por el de los otros, pues *Charitas bene ordinata incipit à se ipsa,*
& *quid prodest homini, si vniuersum mundum lucretur animæ vero suæ
detrimentum patiatur.* Necedad seria muy calificada, no assegurar en
quanto ser pudiere la vida del alma, los que traen a tanto riesgo y peligro
la del cuerpo, que pudiera contar cinco o seys Padres, que dentro de pocos años an muerto en las missiones.

Concluyo pues todo este tratado con dezir, que por mucho que en el
se aya dicho es todo mucho menos, que lo que ay, y que es diferente cosa
vello, y tocallo con las manos que oyllo. Porque no ay ninguno, que lo
vea, teniendo vn poco de zelo de la gloria de Dios, y estima de las Almas, que tanto le costaron, que no quiñera tenir mil vidas, para empleallas
todas en esta empressa. Y assi ruego, y suplico a todos los que lo leyeren,
ruegven, y supliquen con instancia a Dios nuestro Señor, se com-
padezca de gente tan desamparada, y nueua los coraçones de los que deuen, y pueden remediallo,
para que se pongan los medios, y remedios, que pide la grauedad
de tanto
mal.

F I N I S.

Q 2 ¶ *Porque*

¶ Porque no todos los Visitadores tendran la forma y
pratica del Edicto, que se publica en la visita, ny de las
Constituciones, que dexan en los pueblos, me pareció
poner la que aqui se vsa, y en cada Provincia, y pueblo
añadiran, quitaran, y mudaran lo que el tiempo y la necessidad presente pidiere, assi en lo vno como en lo otro.
Añadirasse despues la formula de la absolucion solemne, que haze el Visitador, sacada del Directorio Inqui-
quisitorum, aunque podra si quissiere, vsar de la del Manual Romano, pero vsase desta por ser mas a proposito,
para que los Indios cobren mas concepto, de las censu-
ras Ecclesiasticas.

EDICTO CONTRA
LA IDOLATRIA.
(✻✻✻)

N Visitador general, y Iuez Ecclesiastico en este Arçobispado en las causas de la Idolatria por el Illustrissimo N. del Consejo de su Magestad, &c. Salud y gracia, a vos los vezinos, y moradores estantes, y abitantes en este pueblo. Ya sabeis, y debeis saber, que los santos Padres alumbrados por el Spiritu Santo en los sagrados Concilios santa y justamente ordenaró, que todos los Prelados y Pastores de la Yglesia (y siendo legitimamente impedidos) por sus Ministros, y Visitadores, cada vn año, cada qual fuesse obligado, á hazer vna general Inquisicion, o solemñe Visitacion, y escrutiño de la vida, y costumbre de todos los subditos, Lo qual fue endereçado al provecho y biē spiritual de las Almas. Y pues la salud de ellas consiste, en que esten en gracia, y caridad, y muy agenas y apartadas de los pecados, y specialmente de los de la Idolatria, por la qual se quita la adoracion al verdadero Dios, y se da a la criatura. Por tanto assi por descargo de la consciencia, como por lo que toca a la salud, y bien spiritual de vuestras Almas; os exhortamos, y mandamos, que todas las personas, que algo supieredes, de lo que aora se os refirirá; lo vengais a dezir y manifestar ante mi dentro de tres dias, que os doy, y señalo por tres terminos, y el vltimo por peremptorio segun forma de derecho; con apercebimiento, que pasado el dicho termino, se procederá, contra los que rebeldes fueredes con todo rigor.

Primeramente si saben, que alguna, o algunas personas assi

Q 3   hombres

hombres como mugeres ayan adorado, y mochado Huacas,
cerros, y manantiales, pidiendoles, salud, vida y bienes tempo-
rales.

2 Item si saben, que alguna, o algunas personas ayan adorado al Sol, Luna, y a las estrellas, que llaman Oncoy, que son las
siete cabrillas, y a las estrellas, que llaman Chacra, que son las
tres Marias, y al Luzero, que llaman Pachahuarac, o Coya-
huarac.

3 Item si saben, que alguna, o algunas personas ayan adorado a las Huacas, que llaman Conpac, quando limpian las azequias para sembrar; y a las Huacas, que llaman Huanca, o Chichic, teniendolas en medio de sus Chacras, y las ofrezcan sacrificios de chicha, coca, sebo quemado, y otras cosas.

4 Item si saben, que alguna, o algunas personas, tengan en sus
casas Huacas, dioses Penates, que llaman Conopas, Zaramamas, para el augmento del maiz, o caullamas, para el augmento del ganado, o las piedras bezares, que l aman Ylla, y las adoran para el dicho efeto, y con ellas tenga Mullu, Paria, Lacsa,
Asto, Sangu, y otras ofrendas que les ofrezcan.

5 Item si saben que alguna, o algunas personas adoran al
Rayo, llamandole Libiac; y digan que es el Señor y Criador de
las lluvias, y le ofrezcan sacrificios de carneros de la tierra,
cuyes, y otras cosas.

6 Item si saben que alguna, o algunas personas adoren sus
Paçarinas, y los cuerpos, o huesos de sus progenitores gentiles,
que llaman Malquis, y a los cuerpos o huesos de sus Huaris,
ofreciendoles ofrendas, y sacrificios.

7 Item si saben que alguna, o algunas personas, quando van
camino echan en las cumbres altas, donde llegan, o en algunas
piedras grandes hendidas, coca mascada, o maiz mascado, o
otras cosas escupiendo, y les piden que les quiten el cansancio
del camino.

8 Item si saben que aya en este pueblo alguno, o algunos In-

dios,

dios que fean brujos, maleficos, o tengan algun pacto con el
Demonio.

9 Item fi faben que alguna, o algunas perfonas hagan fieftas
a las Huacas ofreciendoles facrificios, y ofrendas de carneros
de la tierra, Cuyes, Mullu, Paria, Llacfa, Sebo quemado, San-
go, o Parpa, Coca, y otras cofas.

10 Item fi faben que alguna, o algunas perfonas ayunen en las
fieftas de fus Huacas, no comiendo fal, ny agi por algunos dias
abfteniendofe de dormir con fus mugeres legitimas por efta
ceremonia; y fe laven en los arroyos entendiendo que con el
dicho lavatorio fe les perdonan fus pecados.

11 Item fi faben, que en las dichas fieftas de las Huacas los Indios fe confieffen con los Hechizeros, miniftros de Idolatria
fus pecados; o quando eftan enfermos, o en otras ocafsiones, y
trabajos que les fuceden, y los dichos Hechizeros les lavan las
cabecas, con vna piedrecuela que llaman Pafca, o con maiz
molido, matando vn Cuy, y viendo por la fangre de las entrañas ciertas feñales por donde adivinan las cofas futuras.

12 Item fi faben que en las dichas fieftas de las Huacas no duermen en toda vna noche cantando beviendo, y baylando el que
llaman Pacaricuc, por ceremonia de fu gentilidad.

13 Item fi faben, que en tiempo quando cogen las fementeras
hagan vna ceremonia, y bayle que llaman Ayrigua, atando en
vn palo, o rama de arbol, vnas mazorcas de maiz baylando con
ellas; o otro baile que llaman Ayja, o Qvaucu: o con vn inftru-
mento que llaman Succha, o otro qualquier genero de bayle
con ceremonias gentilicas, y fuperfticiones.

14 Item fi faben que alguna, o algunas perfonas trafquilen los
cabellos de fus hijos; que llaman Huarca, o Pacto, haziédo ciertas ceremonias combidando a los cuñados que llaman Mafa, o
a los tios que llaman Caca, beviendo cantando, y bailando poniendo a las dichas criaturas nuevos nombres, de los que le pu-
fieron en el baptifmo.

15 Item

15 Item si saben que alguna, o algunas personas digan que las
almas de los difuntos vayan a Huarochaca, o Vpaimarca, y no
al Cielo, Infierno, o Purgatorio, y quando se muere vna persona al quinto dia den de comer, y de bever al alma del difunto,
quemando maiz, y derramando chicha.

16 Item si saben que alguna, o algunas personas ayan desen-
terrado los cuerpos de difuntos Christianos de las Yglesias hur
tandolos de ellas, y llevandolos a los sepulchros que llaman
Machay, donde estan sus Malquis.

17 Item si saben, que quando los Indios van a las mitas de las
chacaras, estancias, o obrajes minguen a los Hechizeros para
que rueguen por ellos a las Huacas: y quando estan en lo Yunga
adoran a la mar tirandose las pestañas, o cejas.

18 Item si saben, que quando alguna muger pare dos de vn
vientre que llaman Chuchu, o vna criatura de pies, que llaman
Chacpa; la dicha muger ayuna ciertos dias por ceremonia gentilica, no comiendo sal, ny agi, ny durmiendo con su marido; en-
cerrandose, y escondiendose en parte secreta, donde no la vea
nadie; y si alguna de las dos criaturas de vn vientre se muere la
guarden en vna olla por ceremonia de su gentilidad.

19 Item si saben que alguna, o algunas personas ya grandes, y
de edad esten por baptizar: o los ya baptizados se llaman con
nombres de las Huacas, o del trueno llamandose Curi, o del rayo llamandose Libiac.

20 Item si saben, que algunas Huacas tengan bienes suyos de-
dicados al culto de ellas, como son Oro, Plata, Cobre, vestidos
de cumbi, Aquillas de plata, Huamas, Hincas, Tincurpas, Carneros de la tierra, Chacras, y otras cosas.

21 Item si saben, que algunos Indios por ceremonia de su gentilidad, traigan puestas Huaras secretas debaxo de los calço-
nes, o sin ellos.

22 Item si saben que alguna, o algunas personas ayan dicho,
que todos los hombres no tuvieron vn origen de Adan, y Eva,
sino

no que cada Ayllo tiene diferente Pacarina, de donde proceden.

3 Item si saben que alguna, o algunas personas quando cogen el maiz guarden las mazorcas que llaman Huantas, o Aigua, o Micsazara, o Mamazara, o Collauzara, por ceremonia de su gentilidad para quemarlo, y ofrecerlo a las Huacas.

Y los que supieredes, o uvieredes oydo alguna de las dichas cosas de suso declaradas, lo denunciad, y manifestad ante mi dentro de los dichos tres dias; y los que contra esto fueredes rebeldes sereys castigados por todo el rigor del derecho. Dada, &c.

❋ ⚜ ❋

R   *CONSTI.*

✳✳✳✳✳✳✳✳✳✳✳✳✳✳✳✳ ✳✳✳✳✳✳✳✳✳✳✳✳✳✳

CONSTITVCIONES QVE DEXA
EL VISITADOR EN LOS PVEBLOS
para remedio de la Extirpacion de
la Idolatria.

EN el pueblo de N. a dias del mes de
de 16 el Visitador ge-
neral, y Iuez Ecclesiastico en este Arçobispado en las causas de
Idolatria por el Illustrissimo Señor
Aviendo acabado la visita, que cerca de la dicha Idolatria à hecho en este
pueblo, para que en el se quite la ocasion de bolver a ella, y cesse la ofensa de Dios nuestro Señor por comission que para esto tiene del Illustrissimo Señor hizo y ordenò las constitu-
ciones siguientes.

Primeramente si de aqui adelante algun Indio, o India bolviere a reincidir en la Idolatria, adorando Huacas, Cerros, o al Rayo, Sol, Luna, y
Estrellas; o hiziere algunas de las ceremonias antiguas de su gentilidad;
el Cura, o Vicario que fuere de esta Dotrina escribirà la causa, substan-
ciandola, y la remitirà al Illustrissimo Señor ò a su
Provisor con los culpados paraque la sentencie; por quanto conviene que
su Señoria Illustrissima sea sabidor de los relapsos, para que ponga el remedio conveniente, y si fuere el relapso Hechizero ministro de Idolatria
se guardarà esta constitucion con mayor cuidado.

Item de aqui adelante ningun Indio, ny India se llamarà con nombre
de las Huacas, ny del Rayo: y assi no se podrà llamar Curi, Manco, Missa,
Chacpa, ny Libiac, ny Santiago, sino Diego; y al que a su hijo pusiere alguno de estos nombres le seran dados cien açotes por las calles, y el Cura, y Vicario de esta Dotrina procederà contra el, como contra relapso en
la Idolatria, y a los que hasta aqui se an llamado con algunos de los dichos nombres mando se los quiten, y se acomoden a llamarse con otros
sobre nombres, de los Españoles, o de Santos.

Item el Cura beneficiado deste dicho pueblo, tendrà muy particular
cuidado de estorvar las mingas que los Indios hazen en tiempo de las sementeras, para hazerlas beviendo, y cantando de que se siguen muy grandes

es ofenſas de Dios nueſtro Señor, &c. Procurarà con todo cuidado que uando ſe hagan las dichas mingas, ſea dando a los mingados de comer, y o de bever con el exceſſo, y demaſia, que haſta aqui ſe à hecho.

Item de aqui adelante por ningun caſo, ny color alguno, ny con oca-on de caſamiento, fieſta del pueblo, ny en otra manera alguna; los Indios Indias de eſte pueblo tocaran tamborinos ny baylaràu, ny cantaran al ſo antiguo, ny los bayles, y cánticos q̃ haſta aqui an cátado en ſu lengua aaterna; porque la experiencia à enſeñado, q̃ en los dichos, cátares invo-avan los nombres de ſus Huacas, Malquis, y del Rayo a quien adoravan, al Indio que eſta conſtitucion quebrantare le ſeran dados cien açotes, y juitado el cabello con voz de pregonero que manifieſta ſu delito, y ſi uere Cacique el que baylare, o cantare como dichò es; el Cura, y Vicario le eſte pueblo eſcribirà la cauſa, y la remetirà al Iluſtriſsimo Señor Ar-obiſpo, o a ſu Proviſor; con el dicho Cacique culpado para que le ca-tigue.

Item el Cura de eſte pueblo guardarà muy exactamente las proviſio-es que contra las borracheras, y Chicha de ſora an deſpachado el Ex-elentiſsimo de los Reyes: por ſer como es el medio mas eficaz para deſ-ruir la Idolatria, quitar las dichas borracheras aſsi en los Caciques co-no en los demas Indios; poniendo todos los medios de rigor, y caſtigo, omo de predicacion, y enſeñança; prohibiendo, que aſsi en las mingas, omo en los dias de Paſcua, y fieſtas de la advocacion de los pueblos, no è hagan juntas publicas, ny ſecretas en que los Indios ſe emborrachen aſtigando ſeveramente, y con demonſtracion a los Indios que ſe em-orracharen, y executando en los Caciques las penas contenidas en las lichas proviſsiones; para que emendandoſe las cabeças, imiten el buen xemplo los demas Indios.

Item de aqui adelante los Indios Hechizeros miniſtros de Idolatria, or ningun modo curaran a los enfermos; por quanto la experiencia à en-eñado, que quando curan hazen idolatrar a los enfermos, y les cófieſſan us pecados a ſu modo gentilico; y ſi otros Indios uviere que ſepan curar orque conocen las virtudes de las yerbas, examinarà el Cura de eſte ueblo el modo con que curan, que ſea ageno de toda ſuperſticion.

Item de aqui adelante ningun Indio, ny India tendrà Mullu, Paria, ̃aeſa, o hara Sancu, ny Tecti, ny tendrà Aſto, ny guardarà el maiz que laman Huantay, o Ayrigua, o Miſazara, o Callauzarà, y lo miſmo en las Papas, Ocas, Camotes, y Yucas; y al que quebrantarà eſta conſtitucion, le eran dados cien açotes, y quitado el cabello, y ſe procederà contra el,

R 2 como

como contra relapfo en la Idolatria.

Item quando cogen las fementeras , no baylaran el bayle que llaman
Ayrihua,que es atando vnas mazorcas de maiz en vn palo, baylando con
ellas ; ny el bayle que llaman Ayja , ny Huanca , ny tañeran con las Succhas, y al que quebrantarà efta conftitucion, le feran dados cien açotes, y
eftarà prefo vna femana en la carcel.

Item de aqui adelante los Indios, y Indias de efte pueblo no ayunaren
el ayuno,que folian a fu modo gentilico,no comiendo fal,ny agi;y al que
quebrantare efta conftitucion fe procederà contra el,como contra relapfo en la Idolatria; y el Cura,y Vicario de efte pueblo efcribirà la caufa, y
la remitirà el Illuftrifsimo Señor Arçobifpo , o a fu Provifor para que lo
fentencie.

Item de aqui adelante los Indios de efte pueblo , no haràn el Pacaricuc, ny nombraran Parianas,que guarden las chacaras ; por hazerfe todo
con grandes fuperfticiones;y el Cura, y Vicario de efte pueblo procederà contra los que quebrantaren efta conftitucion , como contra relapfos
en la Idolatria.

Item de aqui adelante los Indios de efte pueblo, no pondran fobre las
fepulturas de los difuntos cofa alguna cocida,ny afada:porquanto es comun error de los Indios,y hafta oy eftan en el,que las almas de los difuntos comen, y beven; y el Cura de efte pueblo tendrà muy particular cuidado , de que las puertas de las Yglefias tengan buenas llaves , guarda, y
cuftodia;y que tenga las dichas llaves perfona de confiança:por quanto la
experiencia à enfeñado , que fuelen defenterrar los cuerpos Chriftianos
de las Yglefias,y llevarlos a los fepulchros de fus progenitores gentiles,y
el que quebrantarà efta conftitucion,fe procederà contra el,como contra
relapfo en la Idolatria.

Item de aqui adelante ningun Indio, ny India trafquilarà a fu hijo los
cabellos que llaman Huarca , con las ceremonias que hafta aqui lo an hecho;y el Indio que tuviere hijo, o hija, que tengan los dichos cabellos le
prefentarà ante el Cura de efte pueblo antes de trafquilarlo : para que el
dicho Cura mande a vn criado fuyo , que le trafquile por eftorvar las dichas ceremonias ; y al que quebrantare efta conftitucion le feran dados
cien açotes.

Item los Hechizeros , y Hechizeras miniftros de Idolatria que quedan efcritos en el libro de la Yglefia,y en la tabla que queda pendiente en
olla;fe juntaran mañana; y tarde a la dotrina como lo hazen los niños; y a
qualquiera de ellos que faltare fin licencia del Cura les feran dados doze
açotes,

açotes, y fi reincidiere ferà caftigado con mayor rigor.

Item cada año para fiempre jamas fe harà fiefta a la fanta Cruz el dia de fu Exaltacion que es a catorze de Setiembre, en memoria del triumpho que mediante ella fe à tenido de la Idolatria; en la qual fiefta avrà procefsion con la fanta Cruz y Miffa cantada; y el Cura de efta dotrina predicarà a los Indios la caufa porque efta fiefta fe haze, exhortandolos a que den gracias a nro Señor por averlos facado de fus errores; y al dicho Cura le daràn los Indios de efta dotrina y pueblo, tres pefos por la limofna de la Miffa, y Sermon, para lo qual los mayordomos de la Yglefia pediran limofna de cafa en cafa con vna Cruz; dando a entender a los dichos Indios como la limofna es voluntaria: y de lo que afsi fe juntare fe pondrà razon en el libro de la Yglefia para comprar cera para la dicha fiefta.

Item el Cura, y Vicario de efta dotrina eftarà advertido, que todos los Indios, y Indias de efta dotrina adoravan fus Huacas, Conopas, Huancas, o Chichic, el Sol, Luna, y Eftrellas; efpecialmente a las fiete Cabrillas, que llaman Oncoy, y a las tres Marias, que llaman Chacra, y al Trueno, y Rayo; y tenian en fus cafas Idolos Penates, que llaman Conopas, y afsi mifmo adoravan a fus progenitores que llaman Malquis, y a los Huaris, y a fus Pacarinas. Y hazian cada año fiefta a las dichas Huacas con facrificios de Llamas, y Cuyes y ofrendas de Chicha, Mullu, Paria, Llacfa, Sancu, Coca, y Sebo quemado; y ayunavan ciertos dias no comiendo fal ni agì, y fe abftenian de dormir con fus mugeres; y los Hechizeros miniftros de Idolatria los confeffavan fus pecados a fu modo gentilico, los quales dichos Hechizeros folian predicar fu feéta diziendoles que el Dios de los Efpañoles era para folos los Efpañoles; y las Huacas para los Indios, y que de fus Pacarinas falieron fus progenitores, para lo qual niegan el origen de todos los hombres de Adan, y Eva, y afsi mifmo dizen, que ay vn lugar diputado adonde van las almas que llaman Vpaymarca, y que las almas comen, y beven, y afsi lo principal en que el Cura de efta Dotrina porna particular cuidado es en la predicacion. Refutandoles fus errores, y enfeñandoles el verdadero camino de fu falvacion para que conozcan a Chrifto nueftro Redemptor, y fino lo hizieren les pedirà Dios nueftro Señor muy eftrecha quenta, de las ovejas que tiene a fu cargo, &c. Y lo firmo.

A eftas conftituciones podrà añadir, o quitar, o mudar las que pareciere conueniente.

MODVS

MODVS ET FORMA RECONCI-
LIANDO EXCOMVNICATOS.
(*₊*)

Ex repertorio Inquisitorum, Absoluendis extra portas Ec-
clesiæ genua flectentibus, dicit Absoluens.

A Diutorium nostrum in nomine Domini.
℟. Qui fecit cœlum & terram.
℣. Sit nomen Domini benedictum.
℟. Ex hoc nunc & vsque in sæculum.

Illico dicit Absoluens super reconciliandos.

Exorzizo te immunde spiritus per Deum ✠ Patrem omnipotentem, & per Iesum Christum ✠ Filium eius, & per Spiritum ✠ Sanctum, vt recedas ab his famulis, & famulabus Dei, quos Dominus noster Iesus Christus a deceptionibus liberare, & ad santam matrem Ecclesiam Catholicam, atque Apostolicam reuocare dignatur, ipse tibi hoc imperat maledicte, damnate, qui pro salute hominum passus, mortuus, & sepultus, te, & omnes vires tuas superauit, atque resurgens ad cœlos ascendit, vnde venturus est iudicare viuos, & mortuos, & sæculum per ignem Christus Dominus noster, qui cum Patre & Spiritu santo viuit & regnat per omnia sæcula sæculorum. Amen.

Tunc Absoluens signat eos in frontibus dicens.

Accipe signum Crucis, atque Christianorum, quod prius acceptum non custodisti, sed male deceptus abnegasti.

Postquam signati sunt introducit illos in Ecclesiam dicens.

Ingredimini Ecclesiam, Dei aulam, aqua tantum aberrastis, ac euasisse vos laqueos mortis agnoscite, horrescite omnem prauitatem, siue superstitionem gentilicam, colite Deum ✠ omnipotentem, Iesum Christum ✠ Filium eius, & Spiritum ✠ santum vnum verum, & vnum Dominum, sanctam & indiuiduam Trinitatem, qui viuit & regnat per omnia sæcula sæculorum. Amen.

Introducti iam in Ecclesiam, vbi reconciliandi sunt, dicat, Absoluens
super illos flexas genibus.

Tu autem omnipotens Deus has oues tuas de fauce lupi, tua virtute
subtractas

subtractas paterna recipe pietate, & gregi reforma, affluente benignitate, ne de familiæ tuæ damno munitus exultet, sed de conuersione & de liberatione Ecclesia tua, vt pia mater de filio recepto, pleniter gratuletur. Per Christum Dominum nostrum.

Oremus.

Deus qui hominem ad imaginem tuam conditum misericorditer reparas, quem mirabiliter creasti, mirabilius redemisti, respice propitius super hos famulos tuos, & famulas, vt quidquid ab eis ignorantia, cæcitate hostili, & diaboli fraude subreptum est, indulgentia tuæ pietatis ignoscat, & absoluat, vt altaribus tuis sacris, recepta veritatis tuæ communione, reddantur. Per Christum Dominum nostrum.

Subsequenter fiet sermo ad populum, quo finito innocetur sancti Spiritus gratia per hymnum, cantando submissa voce.

Veni Creator Spiritus
Mentes tuorum visita
Imple superna gratia,
Quæ tu creasti pectora.

Et dicitur subsequenter vltimus versus istius hymni scilicet.

Sit laus Patri cum Filio
Sancto simul paraclyto
Nobisque mittat Filius
Charisma sancti Spiritus. Amen.

Deinde dicitur.

Kyrie eleyion. Christe eleyson. Kyrie eleyson. Pater noster.
℣. Et ne nos inducas in tentationem. ℟. Sed liberanos a malo. Amen.
℣. Emitte Spiritum santum, ℟. Et renouabis faciem terræ.
℣. Domine exaudi orationem meam ℟. Et clamor meus ad te veniat.
℣. Dominus vobiscum. ℟. Et cum Spiritu tuo.

Oremus.

Sancti Spiritus Domine corda nostra mundet infusio & suis roris intima aspersione fœcundet.

Oremus.

Deus qui corda fidelium sancti Spiritus illustratione docuisti, da nobis in eodem Spiritus recta sapere, & de eius semper consolatione gaudere. Per Christum Dominum nostrum. Amen.

Quo facto ipsi reconciliandi consipeantur publice articulos fidei, tam Diuinitatis uiui: itis quam Humanitatis. Et Absoluens præcedit dicendo, vt fieri solet cum viaticum ministratur.

Quo finito illi qui reconciliantur abiurent, perfidiam clara voce, & materna lingua, detestandò patrios errores, & auitas superstitiones, ea forma quam Absoluens paucis verbis præcedendo dixerit. Finita abiuratione dicat.

Dominus vobiscum.   ℟. Et cum Spiritu tuo.

Oremus.

Domine Deus omnipotés Pater Domini nostri Iesu Christi, qui dignatus es hos tuos famulos & famulas, ab errore gentilicæ superstitionis clementer eruere, & ad Ecclesiam tuam sanctam Catholicam reuocare : tu Domine mitte in eos Spiritum sanctum tuum paraclitum de cœlis, Spiritum sapientiæ & intellectus, Spiritum consilij, & fortitudinis, Spiritum scientiæ, & pietatis, & imple eos Domine Spiritu timoris tui, & illustra splendore tui luminis, vt in nomine Domini nostri Iesu Christi signo Crucis signentur in vitam æternam, Per eundem, &c.   ℟. Amen.

Oremus.

Præsta quæsumus omnipotens Deus vt claritatis tuæ splendor super nos effulgeat, & lux tuæ lucis corda eorum qui per gratiam tuam renati sunt; noua illustratione confirmet. Per Christum, &c.   ℟. Amen.

Oremus.

Deus, cui proprium est misereri semper & parcere suscipe deprecationem nostram, & hos tuos famulos & famulas, quos, & quas sententiæ excomunicationis catena constingit, miseratio tuæ pietatis absoluat: Per Christum Dominum nostrum.   ℟. Amen.

Sequitur forma absolutionis. Præsbyteri vel Religiosi ambulent cum virgis in manibus, eos percutiendo, dum dicitur Psalmus Miserere mei, atque in finem gloria Patri, &c. Quo finito dicit Absoluens.

Kyrie eleyson.   Christe eleyson.   Kyrie eleyson.   Pater noster, &c. Et ne nos inducas in tentationem.   ℟. Sed libera nos a malo.
℣. Saluos fac seruos tuos, & ancillas tuas.   ℟. Deus meus sperantes in te.
℣. Dominus vobiscum.   ℟. Et cum Spiritu tuo.

Oremus.

Præsta quæsumus Domine his famulis & famulabus tuis dignum pœnitentiæ fructum quem peccando amiserunt, vt Ecclesiæ tuæ sanctæ, a cuius integritate deuiauerant delinquendo, reddantur innoxij, veniam
consequendo

confequendo. Per Dominum noftrum Iefum Chriftum qui tecum viuit
& regnat, per omnia fæcula fæculorum. Amen.

Dominus nofter Iefus Chriftus, qui habet plenariam poteftatem vos
abfoluat, & ego autoritate ipfius, & beatorum Apoftolorum eius Petri
& Pauli, Apoftolica autoritate mihi conceffa in hac parte qua fungor, vos
abfoluo ab omni vinculo excommunicationis, in quod incurriftis tam ab
homine, quam à iure, fuper Idolatria, vel gentilica fuperftitione, quam
tenuiftis, & fecuti fuiftis, & reftituo vos vnitati Ecclefiæ, & perceptioni
Sacramentorum, & participationi, fiue converfationi fidelium. In nomine ✚ Patris, & ✚ Filij, & Spiritus ✚ Santi. Amen.

Poftea graui exhortatione eos excitet ad Pœnitentiam,
& ad perfeuerantiam exhortetur, & vt Sacramentali Con-
feffione Sacerdoti delicta fua confiteantur, eos que benig-
ne dimittat.

╫○✱╳✱○✱╳ ✱○✱╳✱○✱╳✱○✱╳○

¶ En lugar de la Letania de la Cruz de que fe haze
mencion en el capitulo 16. parecio mas conueniente
cantarfe la figuiente facada del libro Sacræ Letaniæ,
impreffo Antuerpiæ in officina Plantiniana. Anno
1615.

S   LETANIAE

✱✱✱✱✱✱✱✱✱✱✱✱✱✱✱✱ ✱✱✱✱✱✱✱✱✱✱✱✱✱✱✱

LITANIAE VITAE ET PASSIONIS DOMINI NOSTRI IESV CHRITI.

Kyrie eleison.
Christe eleison.
Kyrie eleison.
Iesu Christe audi nos.
Iesu Christe exaudi nos.
Pater de cælis Deus, Miserere nobis.
Fili redemptor mundi Deus, Miserere nobis.
Spiritu sácte Deus, Miserere nobis.
Sancta Trinitas vnus Deus, Miserere nobis.
Iesu verbum Patris,
Iesu splendor Paternæ gloriæ,
Iesu figura substantiæ Patris,
Iesu sapientia æterna,
Iesu candor lucis æternæ,
Iesu speculum sine macula,
Iesu per quem facta sunt omnia
Iesu verbo virtutis oia portans,
Iesu magni consilij Angelus,
Iesu princeps pacis,
Iesu sanctis Patribus promissus,
Iesu cunctis gentibus desideratus,
Iesu in mundum à Patre missus,
Iesu de Spiritu sancto conceptus,
Iesu Verbum caro factum,
Iesu nobiscum Deus,
Iesu in formam serui factus,

Iesu de Maria virgine natus,
Iesu à tua Genitrice adoratus,
Iesu pannis inuolutus,
Iesu in præsepio reclinatus,
Iesu vbere virgineo lactatus,
Iesu à pastoribus in præsepio cognitus,
Iesu per circumcisionem sub lege factus,
Iesu à Magis adoratus,
Iesu in templo præsentatus,
Iesu in vlnis iusti Simeonis exceptus,
Iesu in Aegyptum delatus,
Iesu ab Herode ad necem quæsitus,
Iesu in Nazareth nutritus,
Iesu in Templo inuentus,
Iesu parentibus subditus,
Iesu à Ioanne baptizatus,
Iesu in deserto tentatus,
Iesu cum omnibus conuersatus,
Iesu pauperibus discipulis sociatus,
Iesu lux mundi,
Iesu Doctor iustitiæ,
Iesu via, veritas, & vita,
Iesu exéplar virtutum omnium,
Iesu omnibus languentibus misericorditer opitulatus,
Iesu à tuis furiosus reputatus,

Miserere nobis. *Miserere nobis.* *Miserere nobis.*

Iesu

LITANIAE.

Iesu contumeliis vexatus,
Iesu lapidibus impetitus,
Iesu in monte coram patribus transfiguratus,
Iesu rex mitis Hierusalem ingressus,
Iesu pre compassione lachrymatus,
Iesu triginta argenteis appretiatus,
Iesu ad Discipulorum pedes inclinatus,
Iesu panis viuus nos confirmas,
Iesu potus verus nos lætificans,
Iesu in oratione prostratus,
Iesu in agonia sanguineo sudore perfusus,
Iesu ab Angelo confortatus,
Iesu osculo à Iuda traditus,
Iesu à ministris ligatus,
Iesu à discipulis derelictus,
Iesu Annæ, & Caiphæ præsentatus,
Iesu alapa à ministro percussus,
Iesu falsis testibus acusatus,
Iesu reus mortis iudicatus,
Iesu in faciem consputus,
Iesu oculis velatus,
Iesu colaphis cæsus,
Iesu cuius corpus percutientibus, & genæ vellentibus date,
Iesu à Petro ter negatus,
Iesu vinctus Pilato traditus,
Iesu ab Herode & eius exercitu spretus & illusus,
Iesu veste alba indutus,
Iesu Barabbæ postpositus,
Iesu flagellis cæsus,

Miserere nobis.

Iesu propter scelera nostra attritus,
Iesu quasi leprosus reputatus,
Iesu veste purpurea indutus,
Iesu spinis coronatus,
Iesu arundine percussus,
Iesu à Iudæis ad crucem postulatus,
Iesu morte turpissima condemnatus,
Iesu voluntati Iudæorum traditus,
Iesu Crucis pondere gravatus,
Iesu tanquam ouis ad occisionem ductus,
Iesu vestibus exutus,
Iesu clauis in cruce confixus,
Iesu propter iniquitates nostras vulneratus,
Iesu pro inimicis Patrem deprecatus,
Iesu cum iniquis reputatus,
Iesu opprobrium hominum factus,
Iesu à præteruntibus blasphematus,
Iesu à Iudæis derisus,
Iesu à militibus in cruce illusus,
Iesu à latrone conuitiis lacessitus,
Iesu opprobriis saturatus,
Iesu latroni pœnitenti Paradisum pollicitus,
Iesu qui Ioannem matri tuæ in filium tradidisti,
Iesu te à Patre derelictum attestatus,
Iesu felle & aceto in siti potatus,

Miserere nobis.

Iesu

Iesu consummata omnia de te scripta testatus,

Iesu cuius spiritus in manus Patris commendatus,

Iesu à Patre pro tua reuerentia semper exauditus,

Iesu vsq; ad mortem crucis obediens factus,

Iesu lancea transfixus,

Iesu de cuius latere exiuit sanguis & aqua,

Iesu cuius liuore sanati sumus,

Iesu propitiatio nobis factus,

Iesu de cruce depositus,

Iesu in sindone munda inuolutus,

Iesu in monumento nouo tumulatus,

Iesu vinctos tuos de lacu inferni praedatus,

Iesu ab inferis victor reuersus,

Iesu post resurrectionem cum hominibus conuersatus,

Iesu in caelum eleuatus,

Iesu in Patris dextera collocatus,

Iesu gloria & honore coronatus

Iesu Rex Regum, & Dominus dominantium,

Iesu noster apud Patrem aduocatus,

Iesu Spiritum paraclitum discipulis elargitus,

Iesu matrem tuam super choros Angelorum exaltans,

Iesu viuos & mortuos iudicaturus,

Iesu reprobos in ignem aeter-

Miserere nobis.

Iesu paratum electis regnū collaturus,

Iesu vbertate domus tuae sanctos omnes inebrians,

Iesu Pater futuri saeculi,

Iesu Iubilus Angelorum,

Iesu Rex Patriarcharum,

Iesu inspirator Prophetarum,

Iesu magister Apostolorum,

Iesu doctor Euangelistarum,

Iesu fortitudo Martyrum,

Iesu lumen Confessorum,

Iesu puritas Virginum,

Iesu corona Sanctorum omnium,

Miserere nobis.

Propitius esto, Parce nobis Iesu.

Propitius esto, exaudi nos Iesu.

Ab omni malo, Libera nos Iesu.

Ab omni peccato,

Ab ira tua,

Ab subitanea & improuisa morte,

Ab insidiis diaboli,

Ab ira, odio, & omni mala voluntate,

A spiritu fornicationis,

A fulgure & tempestate,

A morte perpetua,

Per mysterium sanctae Incarnationis tuae,

Per Aduentum tuum,

Per natiuitatem tuam,

Per circumcisionem tuam,

Per impositionem santissimi nominis tui,

Per baptismum & sanctum ieiunium tuum,

Per labores & vigilias tuas,

Libera nos Domine.

Per

LITANIAE.

Per agoniam & sanguineum su-
dorem tuum,
Per alapas & flagella tua,
Per spineam coronam tuam,
Per crucem & Passionem tuam,
Per sitim, lachrymas & audita-
tem tuam,
Per mortem & sepulturam tuam
Per sanctam Resurrectionem
tuam,
Per admirabilem Ascensionem
tuam,
Per missionem Spiritus sancti
paracliti,
In die iudicij,
Peccatores,
Vt ad veram pœnitentiam nos
perducere digneris,
Vt Ecclesiam tuam sanctam re-
gere & conseruare digneris,
Vt domnú Apostolicum & om-
nes Ecclesiasticos ordines in
sancta religione conseruare
digneris,

Libera nos Iesu.

Terogamus audi nos Iesu.

Vt nosmetipsos in tuo sancto
seruitio confortare & conseruare digneris,
Vt animas nostras fratrum, pro-
pinquorum & benefactorum
nostrorum ab æterna damna-
tione eripias,
Vt gentes Indorúm gratia tua
illuminentur, & in fide catholica confirmentur.
Vt omnibus fidelibus defunctis
requiem æternam donare digneris,
Fili Dei,
Agnus Dei qui tollis peccata mundi, Parce nobis Iesu,
Agnus Dei qui tollis peccata mundi, Exaudi nos Iesu.
Agnus Dei qui tollis peccata mundi, Miserere nobis Iesu.
Iesu Christe, Audi nos.
Iesu Christe, Exaudi nos.
Kyrie eleison, Christe eleison.
Kyrie eleison.

Terogamus audi nos Iesu.

Pater noster. ℣. Et ne nos inducas intentatione. ℞. Sed libera nos a malo.
℣. Domine exaudi orationem meam. ℞. Et clamor meus ad te veniat.
℣. Dominus vobiscum. ℞. Et cum Spiritu tuo.

Oremus.

DEus Innocentiæ restitutor & amator dirige ad te tuorum
corda fidelium, vt Spiritus tui feruore concepto, & in fide inueniantur stabiles, & in opere eficaces. Per Dominum nostrum Iesum Christum filium tuum qui tecum viuit & regnat
in vnitate eiusdem Spiritus sancti Deus. Per omnia sæcula sæculorum. *Resp.* Amen.

S 3 INDICE

INDICE
DE ALGVNOS
VOCABLOS QVE POR
SER VSADOS NO VAN
explicados en sus lugares.

A.

Illo, Parcialidad, o linage.
Agi, Pimiento de las Indias
Azequia, Arroyos peque-
ños para el servicio de las casas.
Aquilla, vaso.
Ailla, o *Libis*, vn cordel con tres ra-
males, y al cabo de cada vno vna
bolilla de plomo sirve para caçar
pajaros, o animales enredádolos.

B.

Bira, sebo, o manteca.
Biracocha, espuma de la mar, y con
este nombre llaman los Españoles.

C.

Cumbi, lana de Vicuña texida.
Caciques, las cabeças, y principales
de los Indios.
Curacas, lo mismo.
Camiseta, vestido proprio de los In-
dios al modo de ropilla sin man-
gas.
Chicha, vino, o cerveza, hecho de
maiz, o de otras cosas.
Chacpa, el que nace de pies.
Chuchu, quando nacen dos de vn
vientre.
Choclo, es la maçorca, o espiga gruef-
sa del maiz, que es trigo de las
Indias quando no esta seco.

Chacara, cortijos, o tierra desemen-
tera, o guerta.
Chuspa, bolsa, o faltriquera.
Cui, Conejo de las Indias.
Coca, vn arbolillo de ojas delgadas
las quales mascan los Indios, y
las traen en la boca sin tragarla,
y solia ser vna delas mayores grã
gerias del Piru.
Condor, Buitre pero doblado mayor que los de España.
Caca, Tio hermano de madre.
Chumbi, faja de la muger.
Camachico, los Indios que tienen
cuydado de juntar la gente, o
traer recado.
Criollo, Español nacido acà.

H.

Huama, Corona al modo de diadema para la cabeça.
Huaca, Idolo, o adoratorio tomaf
tambien por thesoro.
Huaraca, honda, o vno como rolleze
de cordeles delgados que algunas naciones vsan en lugar de
sombreros.
Huano, estiercol para cultivar la
tierra.
Huayco, quebrada, o valle hondo.
Hicho, paja a modo de esparto aunque mas delgado.

Inca,

INDICE.

AB HOC PRINCIPIVM.

AD HOC REFER EXITVM.

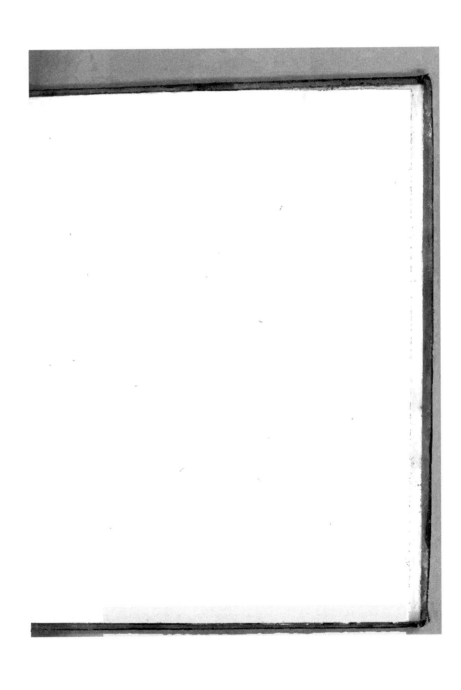

Ingram Content Group UK Ltd.
Milton Keynes UK
UKHW020918140323
418553UK00007B/529